Chiiii na nu

AF169302

Die Welt

ist nur

nach

vorwärts

interessant

Chiiii na nu

Die Welt ist nur nach vorwärts interessant

Zahlen / Mystik / IV – V

(Vorworte 4 – 5)

+

Michel, Angelo, Newton & Goethe

Zahlen / Mystik / I / II / III

(Vorworte 1 - 3)

𝕮𝖔𝖕𝖞𝖗𝖎𝖌𝖍𝖙

Martin A. Mayer

März 2016 / Erstausgabe

copyright_michel_angelo@yahoo.de

Herstellung und Verlag:

BoD – Books on Demand, Norderstedt

ISBN 978-3-7392-4879-0

Kapitel / Vorworte

I Michelangelo – Sixtinische Kapelle - Goethe – Erasmus - San Francisco - Mekka – 9/11

II Sonnenfinsternis – 21-21-21 – Meteorit – Schwarzwald – 23h23 - Traumdeutung - Schweiz

III Newton – Alchemie – Galilei - Einstein – Hawking – Pauli - Jung – Synchronizität

IV Europa - Gesinnungsethik – Michel aus L. – Bruder Joh. – Konstantinopel – David Bowie

V China – Taiwan – Un/Glücks/Zahlen – Natur Katastrophen - Grenz/Wissenschaften

„Ich gedenke statt aller des Système de la nature, das wir aus Neugier in die Hand nahmen. Wir begriffen nicht, wie ein solches Buch gefährlich sein könnte …
Physik und Chemie, Himmels- und Erdbeschreibung, Naturgeschichte und Anatomie … Und wir hätten gern von Sonnen und Sternen, von Planeten und Monden, Bergen und Tälern … von allem was darin webt und lebt, das Nähere und das Allgemeinere erfahren. …
Allein wie hohl und leer ward uns in dieser tristen atheistischen Halbnacht zumute …"

(JWG)

„Dichtung hat mit Moralphilosophie zu tun, Malerei mit Naturphilosophie".

(Leonardo da Vinci)

„Aber Du hast alles geordnet nach Maß, Zahl und Gewicht. …
Die Welt ist vor Dir wie ein Stäubchen an der Waage …
Wie könnte etwas bleiben, wenn Du nicht wolltest?"

(Buch der Weisheit 11, 21-24)

Vorwort I

Rom – San Francisco – Michelangelo – Goethe

„Da sah die Frau und nahm von seinen Früchten und aß; sie gab auch ihrem Mann ..."

Heißt es in der Schöpfungsgeschichte, Genesis 3.

Die Frau ist als Eva, der Mann als Adam, die Frucht als Apfel in weiten Kulturkreisen bekannt geworden - in die Geschichte eingegangen.

Lange vor Michelangelo. Wobei auch dessen „Schöpfungen" zu den bedeutendsten Kunstwerken der Welt zählen.

Während Michelangelos David in Florenz steht, hängen Eva, Apfel & Co in Rom. In der Sixtinischen Kapelle, die heute überwiegend als Museum genutzt wird. Wenn nicht gerade ein Papst gewählt wird oder eine andere nichtöffentliche Veranstaltung auf dem bedeutenden Insider-Programm steht.

Somit hängen Michelangelos römisch-biblische Malereien auch nicht einfach am Haken oder an der Wand, wie die meisten Gemälde in den übrigen

Museen der Welt - sondern befinden sich überwiegend an der Decke der Kapelle, unweit des Petersdoms.

Weil die Farben direkt auf den frischen Kalkverputz aufgetragen wurden, spricht man von Fresken.

Weil Michelangelo die Sixtinische Decke von 1508 - '12 bemalt hat, weil die Kapelle um 1480 erbaut wurde und die Grundsteinlegung des neuen, heutigen Petersdoms 1506 erfolgte, darf man mit Fug und Recht behaupten: auch spätere Protestanten, zukünftige Reformatoren und evangelische Mitteleuropäer haben die vatikanische Kunst, Pracht, Architektur mitfinanziert.

Mit Kirchensteuer, Peterspfennig, Ablass-Gebühren.

Was aber zunächst nicht von Bedeutung sein soll.

Denn es geht hier zuerst um ein „Bildnis" in der Sixtinischen Kapelle, das Michelangelo hinterlassen hat – und welches mit dem biblischen „Original" wenig zu tun hat.

Ursprünglich war es wohl so, dass sich der damalige Papst wünschte, dass Michelangelo die Decke der Kapelle mit zwölf Gemälden zu Ehren der 12 Apostel bemalen sollte.

Doch diese päpstliche Idee war Michelangelo wohl eine Spur zu bescheiden: eine zu geringe Herausforderung in künstlerischer, in theologischer Hinsicht?

Jedenfalls befinden sich heute – und seit mehr als einem halben Jahrtausend – keine Apostel an der Decke.

Michelangelo wollte offensichtlich nicht irgendwo im östlichen Mittelmeerraum beginnen. Nicht in Ägypten, nicht in Babylon, nicht in Jerusalem. Nicht am Roten Meer und auch nicht am See Genezareth. Auch scheint es so, als ob er nicht mit „unserer" Zeitrechnung beginnen wollte, also vor rund 2000 Jahren.

Er bevorzugte es, nicht einfach zu den Aposteln und damit zu den Anfängen des Christentums zurückzukehren - sondern zu den Anfängen des Universums?

Folglich: zur Stunde Null, zum Urknall - wenn man so will.

Jedenfalls beginnt sein „Zyklus" an der Decke der Sixtinischen Kapelle mit der Erschaffung des Lichts. Auf dem zweiten Gemälde die Erschaffung der Gestirne und Pflanzen. Dann die Trennung von Land und Wasser.

An vierter Stelle die Erschaffung von Adam – vermutlich das bekannteste, am häufigsten abgebildete, abgedruckte Gemälde Michelangelos.

Die Erschaffung Evas auf Platz fünf.

Gemälde Nummer sechs: Sündenfall und die Vertreibung aus dem Paradies. Vielleicht die interessanteste von all seinen vatikanischen Malereien – und theologisch jenes, das mit dem biblischen Urbild am wenigsten zu tun hat?

Folglich: Michelangelos persönlichstes Werk, das er der ewigen Stadt, der Nachwelt hinterließ?

Wer das Fresko mit der Erschaffung des Menschen betrachtet, kann erkennen, dass die Hände von Adam und Gott sich fast berühren. Adams Hand wirkt dabei recht schlaff, ohne Spannung. Wie es sich gehört für einen Menschen – dem erst kurz danach Leben eingehaucht wird.

Michelangelos Darstellung der Vertreibung aus dem Paradies hat dagegen mit der Beschreibung aus dem Alten Testament wenig gemein: Dass die Schlange einen menschlichen Kopf besitzt, mag der neutrale Betrachter ja noch als ästhetische Konzession durchgehen lassen. Nicht jeder spätere Kardinal oder Bischof möchte wohl zu einem meterlangen Reptil mit Schlangenkopf aufschauen; auch nicht darunter sitzen, darunter stehen.

Vielleicht war Michelangelo aber nicht nur der geniale Bildhauer und Maler, sondern auch ein kleiner Prophet? Und dachte nicht nur an die paar Dutzend kirchlichen Hochwürden, sondern an die Millionen von Katholiken und Touristen, die Rom, den Vatikan und dessen Museen und Gemälde dereinst besuchen, betrachten, bewundern …?

Jedenfalls hat er auch eine Reihe Propheten und Seherinnen in der Sixtinischen Kapelle verewigt. Einige, die im Alten Testament beschrieben werden, und andere, antike Sybillen, die in keiner Bibel Erwähnung fanden. Darunter eine aus Persien und jene von Delphi.

Wie auch immer: Die Schlange bzw. der Schlangenkopf ist nicht das eigentlich Problem. Michelangelos „Gift" wird an anderer Stelle versprüht – ein wenig von Eva, aber noch viel stärker von Adam. Während Eva eher passiv den Apfel bzw. die Frucht von der Schlange in Empfang nimmt, hat Adams Verhalten auf Michelangelos Fresko ganz und gar nichts mehr mit der alttestamentlichen Botschaft zu tun.

Denn Adam erhält die Frucht nicht aus Evas Händen, sondern bemüht sich selbst um den verbotenen Baum, greift mit beiden Armen nach diesem, ziemlich entschlossen.

Was die Frage aufwirft: wieso und weshalb wurde diese eindeutige „Fehl-*Hand*-lung" toleriert?

Weshalb hat Julius II, warum haben spätere Päpste diese Willkür Michelangelos nicht unterbunden? Warum wurden Adams Arme und Hände nicht übermalt?

Auch das soll es gegeben haben, in der Sixtinischen Kapelle: Später, um 1564 wurde es angeordnet, dass die vielen nackten, „amoralischen", „obszönen" Figuren, die Michelangelo im *„Jüngsten Gericht"* an eine Wand unweit des Altars gepinselt hatte, zu übermalen seien.

Was dann auch geschah. Und weshalb nun weitaus mehr Textilien, Hosen und Höschen zu sehen sind, als sich das Michelangelo erträumt, erdacht, vorgestellt hatte.

Wobei man sich fragen kann, ob er sich deshalb heute im Grab umdrehen würde? Vielleicht waren ihm seine Akte lediglich eine befristete „Lustquelle" während der mühseligen, langjährigen, nicht nur körperlich anstrengenden Arbeit.

Vielleicht ist ihm die Körperhaltung Adams neben bzw. unter bzw. an dem Baum der Erkenntnis ein viel wichtigeres Anliegen gewesen? Und diese Haltung – nicht nur die physische - kann ein jedes sehende Auge, kann ein jeder lebendige Geist auch heute noch nachempfinden. Wenn er denn will.

Doch viele Geister, viele Menschen scheinen es nicht wirklich zu wollen. Streben nicht nur nach Erkenntnis. Wollen Architektur, Malerei, Kirche oder Politik nicht allzu kritisch bewerten?

Was den heutigen Zeitzeugen oder Kunstliebhaber von Bildungsbürgern und Reisenden des 18. Jahrhunderts aber nicht sonderlich unterscheidet:

„Das Andenken dieses glücklichen Tages muss ich durch einige Zeilen lebhaft erhalten und, was ich genossen, wenigstens historisch mitteilen. Es war das schönste, ruhigste Wetter ... Dann gingen wir in die Sixtinische Kapelle, die wir auch hell und heiter, die Gemälde wohlerleuchtet fanden. Das „Jüngste Gericht" und die mannigfaltigen Gemälde der Decke, von Michelangelo, teilten unsere Bewunderung. Ich konnte nur sehen und anstaunen. Die innere Sicherheit und Männlichkeit des Meisters, seine Großheit geht über allen Ausdruck ...

Nachdem wir alles wieder und wieder gesehen, verließen wir dieses Heiligtum und gingen nach der Peterskirche, die von dem heitern Himmel das schönste Licht empfing und in allen Teilen hell und klar erschien. Wir ergötzten uns als genießende Menschen an der Größe und der Pracht, ohne durch allzu eklen und zu verständigen Geschmack uns diesmal irre machen zu lassen, und unterdrückten jedes schärfere Urteil. Wir erfreuten uns des Erfreulichen."

Über die Details und potentielle Aussagen der Deckenfresken äußert sich Johann Wolfgang in der *„Italienischen Reise"* nicht. Auch verliert er keine Worte, ob Raffael womöglich der bessere Maler, oder der angenehmere Mensch gewesen war: im Vergleich zu Michelangelo. Oder zu Botticelli. Oder Perugino.

Was wohl auch daran lag, dass Goethe in Italien die Antike, und nicht die Renaissance suchte - zu finden erhoffte. Und dass ihm die vielen Figuren auf den Gemälden wohl ebenso zu schaffen machten wie heutigen Besuchern, die die Sixtinische Kapelle erstmals besuchen. Man könnte vielleicht sagen: Goethe erkannte die künstlerischen Qualitäten der Maler sofort. Dass sich in Michelangelos Gemälden auch ein eigenwilliger Philosoph, ein selbständiger, unorthodoxer Theologe zum Ausdruck brachte – das war ihm vielleicht nicht bekannt. Und das konnte und wollte er in der Kürze der Zeit und angesichts der Fülle von Eindrücken auch gar nicht interpretieren?

Wobei das mit der „Kürze" der Zeit im Falle von Goethe wohl kein gutes Argument ist. Schließlich verbrachte er nicht nur Tage, nicht nur Wochen, sondern viele Monate in Rom.

Wie dem auch sei. Würde er heute leben und hätte er Internetzugang, könnte Goethe folgendes lesen:
„Michelangelo stellt die Erbsünde (Genesis 3, 1-14)

und die Vertreibung aus dem Paradies (Genesis 3, 22-24) in einem Bild dar. ... Die beiden Episoden sind durch den Baum des Guten und des Bösen getrennt, um den sich die Schlange windet, die Eva die verbotene Frucht reicht. Entgegen dem Gebot Gottes wird sie die Frucht annehmen, davon essen und sie auch ihrem Gefährten anbieten".

Als Protestant bzw. Augenmensch würde Goethe auf diese Art der Belehrung wohl dankend verzichten; würde er seinen eigenen Sinnen wohl mehr vertrauen als der gewagten, hier zitierten Bildbeschreibung auf der Seite der Vatikanischen Museen: mv.vatican.va

Und würde sich Luther heute ins Internet einloggen, sähe er sich darin bestätigt, weshalb man den bösen Buben in Rom bis zum heutigen Tag nicht trauen kann, nicht blind trauen soll.

Würde Martin Luther heute, im Herbst des Jahres 2015 leben und den Wunsch verspüren, mal eine E-Mail oder einen Brief nach Rom zu senden, dann würde seine Kurzbotschaft vielleicht so lauten:

„Hallo Bruder Franziskus. Verzeihe mir bitte, dass ich Sie nicht mit Heiliger Vater anspreche. Aber ich bin nur ein Mensch, ein deutscher und evangelischer dazu, und meine Phantasie ist begrenzt. Was aber Ihre bzw. die Beleerung / Belehrung der Vatikanischen Museen zu Michelangelo betrifft: also, wie soll ich sagen. Das sieht doch ein Blinder, dass der Adam nicht aus der Hand Evas futtert! Was

schreibt ihr da nur wieder für ein Käse? Und was gibt's bei Euch eigentlich zum Abendbrot? Hundert Krümel Parmesano light zur Vorspeise? Als Hauptgang: Gedünsteter Seehecht mit Pommes an Senfsauce süß-sauer? Oder noch immer täglich drei Becher kondensierte Büffelmilch mit Knäckebrot? Und zum Dessert eine Flasche Frascati, zwei Gläser Valpolicella und ein Mandel-Likör?

Franz, nimm es nicht persönlich, aber ich bleibe dabei: Ein Dialog mit euch Papisten scheint hin und wieder möglich, ich denke da vor allem an Weihnachten und Ostern. Aber: Eine Entschuldigung meinerseits oder Unterwerfung kommt nicht infrage. Auch nicht in den nächsten 500 Jahren. Schöne Grüße vom Wittwenberg.

Ciao - Servus - Tutti frutti. - M.L."

Soweit der wortgewaltige, nichtkatholische Luther, anno 2015.

Den heutigen, wiedergeborenen Protestanten und Reformatoren dürfte trotz mehreren Jahrhunderten Tiefschlafs nicht entgangen sein, dass Rom nicht nur bau- oder maltechnisch zu interessanten, geradezu faszinierenden Wandlungen, Veränderungen, Reformen fähig war: so untersagte die Katholische Kirche 1562 den Ablasshandel. Einige Jahre nach dem Tod von Luther, Zwingli und Erasmus, und zwei Jahre vor dem Ableben von Michelangelo oder Calvin.

Womit Michelangelo keinesfalls in die Reihe der Reformatoren gestellt werden soll.

Zurück in die „Zwischen-Reise-Zeit", die Klassik.

Zurück zu Goethe: dessen Philosophie, dessen Biographie, dessen Dichtung und Prosa vermuten lassen, dass er sich geistig noch weiter entwickelt hat - als die meisten Reformatoren, Reformhäuser, Protestanten und Freikirchler?!

Auch wenn der eine oder andere Leser auch bei Goethe mehr oder weniger intuitiv spürt, erahnt, zu glauben meint, dass auch Dichterfürsten nur Menschen sind, waren:

Goethe widmete der anderen italienischen Kunstmetropole 1786, auf der Hinreise, jedenfalls erstaunlich wenig Beachtung, schrieb nur ein paar Zeilen über Florenz: *„Die Stadt hatte ich eiligst durchlaufen, den Dom, das Baptisterium. Hier tut sich wieder eine ganz neue, mir unbekannte Welt auf, an der ich nicht verweilen will."*

Und so kann der heutige japanische oder chinesische Tourist, der fünf oder sechs Stunden in Florenz verweilt, mit Fug und Recht behaupten, dass er sich für Florenz mehr Zeit genommen hat als Herr Goethe - bei seinem ersten Besuch.

Womit weder Postkutschen-Goethe noch High-Speed-Chinesen oder knipsende Japaner disqualifiziert werden sollen. Goethe selbst hätte an einem Fotoapparat gewiss viel Freude gehabt – allein schon deshalb, um sich ein eigenes und langlebiges Bild von den vielen Kunstwerken zu machen, derentwegen er kurz nach seinem 37. Geburtstag gen Rom aufbrach: via Regensburg, Tirol, Brenner, Verona, Venedig, Bologna, usw.

Also nicht unbedingt auf dem kürzesten – oder schnellsten - Weg. Und während heutige Flugreisende den Himmel gar nicht, oder – sofern ein Fensterplatz gebucht oder zugewiesen - eher seitlich oder diagonal betrachten, hatte Goethe nicht nur in der Sixtinischen Kapelle ziemlich viel Zeit und Muße, den Blick in die Höhe zu richten: *„Die oberen Wolken streifig und wollig, die unteren schwer. Mir schienen das gute Anzeichen. Ich hoffte, nach einem so schlimmen Sommer einen guten Herbst zu genießen."*

Seine Hoffnungen scheinen sich erfüllt zu haben. Inwieweit man Goethes kurz- oder langatmige Naturbetrachtungen oder seine Gott-Natur verstehen will - oder kann - , ist wieder ein anderes Thema. Er, JWG, kommt aber noch öfter zu Wort: in den späteren Kapiteln bzw. Vorworten. Sowie als Kunstfreund – und als Kritiker.

Als Dichter - und als Richter.

Und auch Rom samt Peterskirche und ihre „Aus-Strahlung" - auf Europa und die christliche Kultur - werden eine Rolle spielen. Unabhängig von

Goethes, Luthers oder Michelangelos Meinung zu Gott und Welt.

Hier nur eine kurze Andeutung – ohne gleich scharfe, allzu schmerzhafte Urteile zu fällen:

Am 18. April 1506 wurde der Grundstein des neuen, des heutigen Petersdoms gelegt.

Genau 400 Jahre später …

Am 18. April 1906 erschütterte ein Erdbeben den Untergrund, den Obergrund, die Straßen, Steine und Gebäude der Stadt des „Heiligen" Franziskus.

Nein, hier und jetzt ist nicht von Assisi die Rede. Auch – noch - nicht von Buenos Aires oder Kalkutta. Oder anderen Flecken, anderen Hot Spots in Lateinamerika oder Asien. Hier sei nur kurz die steinige US-Version des hochmittelalterlichen, umbrischen bzw. Kirchenstaats-Heiligen angesprochen: San Francisco.

Für manche die schönste Stadt der Vereinigten Staaten, für andere die schwulste, für wieder andere die hügeligste oder freigeistigste …???

Wie auch immer: wie alle Städte in West und Ost, im Norden und Süden wurde auch San Francisco von Menschen erbaut. Ebenso wie Rom oder Florenz. Oder Los Angeles oder Konstantinopel oder Kobe oder Hong Kong oder Mekka - wenn man von Hügeln oder Flüssen oder Meeresbuchten mal absieht, welche die Natur geschaffen hat. In Jahrtausenden, oder Jahrmillionen.

Mekka: Im Westen der arabischen Halbinsel gelegen, nicht fern von Roten Meer. Eine Stadt, die für momentan rund 1,6 Milliarden Menschen die heiligste der Welt ist. Zu der sie ihre Gebete, ihre Moscheen, ihre Teppiche ausrichten.

Eine Stadt, die seit ein paar Jahrzehnten auch in der nichtislamischen Welt für Schlagzeilen sorgt. Weil Menschen sich dort bzw. im Umland gleich hundertfach tottrampeln. So zuletzt im September 2015 während der Haddsch.

Was nicht uninteressant ist, für den neutralen Beobachter.

Noch interessanter war jedoch ein Ereignis, eine „Katastrophe", die sich ebenfalls im September zutrug. Und zwar am 11.09.2015. Als nachmittags, so zwischen 16:00 – 18:00 Uhr Ortszeit ein Gewitter über Mekka tobte, mit Blitz und Donner und Regen und starken Winden. Wobei es wohl eine Sturmböe war, die einen tonnenschweren Kran zum Umsturz brachte. Und dieser mehr als 100 Personen tödlich und weitere körperlich verletzte. Vielleicht auch mental, psychisch, geistig erschütterte?

Das ist schwer zu deuten – aus der Ferne, insbesondere für Personen, die sich mit der islamischen Glaubenswelt wenig oder gar nicht verbunden fühlen.

Weder emotional noch durch familiäre Bande oder Wahl-Verwandtschaften …

Was aber auch der neutrale Betrachter ahnen könnte: Dass es in der Wüste seltener regnet und gewittert als in mitteleuropäischen oder Äquatorial-Regionen.

Und dass der 11. September in den USA seit dem Jahre 2001 ein politisch brisantes und hochemotionales Datum ist. Weil die 9/11-Attentäter jenem Kultur- bzw. Religionsraum entstammten …

Und wenn man noch bedenkt, dass das Gewitter über Mekka zu jener Zeit tobte, da an der Ostküste der USA die Uhren auf 9:00 – 11:00 vormittags standen – bzw. sich bewegten …

Dass der Kran in Mekka zu jener Zeit Gläubige in der Großen Moschee tötete …

Nun, wie auch immer man zu zeitlichen Überschneidungen, zu Synchronizität, *meaningful coincidence* oder irrelevanten terminlichen Überlappungen stehen mag:

Diese erweiterte, grenzenlose, universale Form der PSYCHO-SOMA-TIK-tic-tic-tic-tic spielt eine wichtige Rolle – nicht nur im nächsten Kapitel / Vorwort, das sich mit der 21 auseinandersetzt, sowie einer Sonnenfinsternis und zweier weiterer Natur-Ereignisse des Jahres 2015.

In späteren Kapiteln werden auch Maler wie van Gogh und Gauguin, Physiker vom Kaliber Newtons oder vom Schlage Hawkins, zudem Komponisten und deren Werk thematisiert.

Sowie die Geisteshaltung, die sich hinter den physikalischen, musikalischen oder zeichnerischen Welt-Bildern und Formen verbirgt; oder offenbaren will.

Es geht also immer auch um den Esprit, den Geist, den Spirit. Um die Überzeugungen, die Gesinnungen, die Ideen, die Vorstellungen, die in den Menschen – wohnen, wirken, existieren.

Die sich in Gemälden, in Symphonien, in architektonischen oder philosophischen Werken ausdrücken - zu erklären versuchen.

Wobei sich – nicht nur im Fall Michelangelos – die Frage stellt, wie genial die namhaften Bildhauer, Maler, Musiker, Dichter wirklich waren. Oder genauer: Wie „unwissend" bzw. „beschränkt" auch die großen, berühmtesten Gestalten der Antike, der Renaissance waren? Wie limitiert die noch lebenden Naturwissenschaftler sind?

Und selbstverständlich steht immer auch die Natur im Mittelpunkt.

Und die Frage, weshalb die Natur so handelt, wie sie handelt. Oder weshalb sie manchmal schweigt, scheinbar inaktiv ist – um dann plötzlich zu explodieren.

Die Ruhe vor dem Sturm. Die Unruhe nach dem Sturm.

Stagnation, Entwicklung.

Reformen, Revolutionen.

Ereignisse zwischen Himmel und Erde, die sich die Schulweisheit nicht vorstellen kann.

Noch nicht einmal in ihrer eigenen, gesellschaftlichen Welt.

Wie viele Deutsche hätten 1988 gesagt, dass die Wende, der Fall der Mauer, kurz bevorsteht?

Mindestens 98 Prozent, vermutlich und gerundet sogar eher 100 als 99% der Wessis und Ossis hätten es Ende der 80-er Jahre wohl nicht für möglich gehalten, dass das Ende der DDR nur eine Frage von wenigen Jahren, gar Monaten ist.

Und andere Europäer in Polen, Ungarn oder der Tschechoslowakei hätten wohl in ähnlicher Größenordnung das Ende des Warschauer Paktes, den Fall des Eisernen Vorhangs nicht für möglich gehalten.

Wie viele Deutsche glauben heute, im Herbst des Jahres 2015, dass das Grundgesetz, die Verfassung der Bundesrepublik Deutschland nicht mehr zeitgemäß, nicht mehr oder nur zu 87% oder 95 Prozent legitim ist. Also zwingend reformiert, dringend modifiziert werden muss?

Es scheint ihn also noch zu geben, den „primitiven" Aberglauben, das törichte Vertrauen in das geschriebene, gedruckte Wort - oder in den Status Quo.

In Asien und in Afrika, im Nahen Osten wie in der Mitte Europas beten Menschen Menschenwerk an. Seit Jahren, Jahrzehnten. Teilweise seit Jahrhunderten.

Sozialdemokraten oder Grüne. Liberale oder Schiiten. Sunniten, Agnostiker und Hindus. Linke, Kommunisten und auch Christdemokraten.

Millionen beugen sich dem „Zeitgeist".

Im Westen wie im Osten, im Norden wie im Süden: Ungeheure Massen von Menschen unterwerfen sich der jeweils herrschenden Ideologie.

Weil sie glauben, dass ihr jeweiliges *GrUnd/GeSetZ* für die Ewigkeit gemacht ist?

Weil sie nicht ahnen, nicht wissen, dass dumme, törichte, teils verlogene, teils blasphemische, von Menschen erdachte Gesetze und Schriften und *BuchStabenKombiNationEn* zum Untergang verdammt sind!?

Weil es mit den Gelehrten und Ungebildeten heute nicht viel anders steht als im 16. Jahrhundert, als Erasmus von Rotterdam schrieb:

„Die christliche Religion steht einer gewissen Torheit recht nahe; hingegen mit der Weisheit verträgt sie sich schlecht."

Und über Julius II, der von 1503 – 1513 als Papst nicht nur Michelangelos Vorgesetzter war, soll der „gute", humanistische Erasmus auch nicht nur nette Worte verloren haben. Was ihn aber von zahlreichen heutigen katholischen Theologen nicht sonderlich unterscheidet: auch sie sehen den „arroganten" Julius und weitere Päpste so kritisch wie viele Historiker.

Davon abgesehen: Allwissend waren ja vermutlich weder Erasmus noch Michelangelo noch Goethe noch Erasmus noch Luther noch Julius II.

Wobei: Vielleicht findet sich ja noch und irgendwann in einer dunklen Kammer des Vatikans ein Dokument, aus welchem hervorgeht, dass Michelangelo …

Vielleicht gibt es ja ein Dokument in einem Archiv, vom Erzengel Michael persönlich unterzeichnet, auf dem geschrieben steht, dass Michelangelo nicht nur der größte Bildhauer, sondern der bedeutendste Theologe war, den Italien je hervorbrachte?

Wobei dann - und falls das bereits im Jahre 2016, oder 2017 der Fall wäre - vermutlich in der Öffentlichkeit primär darüber diskutiert würde, ob nicht auch Leonardo da Vinci einem Michelangelo das Wasser hätte reichen können? Ihm auf seine eigene, theoretische, geheimnisvolle *vino-vinci-veritas-Weise* gar überlegen war?

Und vor allem: Ob Leonardo nicht noch eine Spur schwuler war als der Erschaffer Davids und der Sixtinischen Decke?

Ja, gewiss, genau solche Themen würden heute oder in naher Zukunft nicht mehr unter der Decke gehalten werden.

Und 5–10% der lesbischen EKD-Tanten und der nicht weniger homosexuellen Katholiken würden Michelangelo und Leonardo applaudieren.

Bei einigen Freikirchlern, 7-Tages-Adventisten, den Mormonen und Zeugen Jehovas wären es wohl ein paar Prozent weniger?

Weil Sie die Schrift etwas anders auslegen.

Anders rechnen.

Ein jeder nach seiner Art.

Amen.

Vorwort II

Einundzwanzig – 21/21/21 – Sonnenfinsternis - Schweiz – Schwarzwald - 23h23 - Propheten

Die Sonnenfinsternis war für Freitag, den 20. März 2015 vorausgesagt – und trat auch genauso und genau dort ein, wie zuvor angekündigt

Der Meteorit erschien dagegen völlig überraschend: am Sonntagabend, 15. März 2015 geriet er ins Blickfeld einiger Menschen in Süddeutschland und der Schweiz; verzückte, begeisterte, irritierte, beunruhigte oder befremdete die unfreiwilligen Beobachter.

Denn in keiner Zeitung, in keinem TV-Sender, noch nicht mal im Internet war vor dem 15.03.2015 darüber die Rede, dass an jenem Sonntagabend um 20:44 Uhr ein Himmelskörper über den Alpen verglühen sollte.

Ähnlich war es mit dem Erdbeben, das am Samstag, 21. Februar 2015 um 23:23 Uhr insbesondere in Südwestdeutschland und der nördlichen Schweiz für ein paar Sekunden zahlreiche Menschen auf der

Couch oder im Halbschlaf aufrüttelte. Wobei sich das Epizentrum in etwa 23 km Tiefe befunden haben soll.

Es gab keine Vorhersage, keine Prophezeiung, keine Warnung, keine Vorankündigung. Was „natürlich" der Tatsache geschuldet ist, dass man Meteoriten und Erdbeben nicht vorhersagen kann – im Gegensatz zur Bahn von Mond und Erde!?

Da das Beben, dessen Epizentrum im Schwarzwald lag, ebenso wenig materielle Schäden hinterließ wie der Meteorit, der drei Wochenenden später die „gleiche" Weltgegend besuchte, hatte das für Wissenschaftler und Laien auch keine Konsequenzen – zumindest keine juristischen.

Im Gegensatz zu einem *terremoto* in Italien, wo nach einem Erdbeben anno 2009 einige Geologen angeklagt wurden, weil sie die Öffentlichkeit trotz angeblicher Vorzeichen nicht gewarnt hätten. Einige wurden zu mehrjährigen Haftstrafen verurteilt. Ganz abgeschlossen scheint der Fall – aufgrund noch laufender Berufungen – aber noch nicht.

Doch dies ist nicht das Thema hier – wenngleich die „Himmelsrichtung" des Meteoriten am 15. März 2015 Richtung Süden wies: Frankfurt/Main - Stuttgart – Schwäbische Alb – Schwarzwald – Elsass - Hochrhein – Bodensee – Tirol - St. Gallen – Zürich – Zentralschweiz. So lauten einige Orte oder Gegenden, in denen die Nord-Süd-Flugrichtung des Meteoriten beobachtet wurde. Von einigen

Hundert, vielleicht sogar Tausenden Menschen, von einigen PKW-Kameras, und glücklicherweise auch von einer Sternwarte in den Alpen.

Ihnen verdankt man den genauen Zeitpunkt.

Und der ist wohl auch der interessanteste Aspekt der ganzen Geschichte.

Exakt 21 Tage, 21 Stunden und 21 Minuten betrug der zeitliche Abstand zwischen den beiden unvorhergesehenen Ereignissen: zwischen dem Erdbeben am Samstagabend, 21. Februar und dem Meteoriten am Sonntagabend, 15. März 2015.

Und das schönste daran: ein jeder Normalbürger kann ohne große mathematische Kenntnisse die zeitliche Differenz zwischen dem unter- und dem überirdischen Phänomen selbst nachprüfen.

Niemand ist auf die fortschrittlichen bzw. skurrilen Rechenkünste und „philosophischen" Folgerungen eines englischen Kosmologen bzw. Wurmloch-physikers angewiesen.

Und ein jeder kann sich ein Bild vom Meteoriten machen: *Youtube* macht es möglich …

Jedermann kann im Internet beispielsweise die Seite des baden-württembergischen Landeserdbeben-dienstes oder einer deutschen oder schweizerischen Tages- oder Wochenzeitung ausfindig machen, die kurz nach dem Erdbeben im Februar einen Artikel darüber veröffentlichte.

Und wer die Sache nicht selbst erlebt und auch nicht von Freunden oder Bekannten davon erfahren hat oder gar Bedenken gegenüber der Lügen- oder Wahrheitskultur der Presse hegt, findet sicher in irgendwelchen Blogs oder Foren Bilder, Erlebnisberichte oder Kommentare. Auch in naturwissenschaftlichen Publikationen: Zum Beispiel: www.spektrum.de/news/helle-feuerkugel/1337659

In diesem Fall scheinen die Kommentare nicht sonderlich dramatisch oder allzu phantasievoll zu sein – denn beide Ereignisse für sich genommen waren ja relativ nüchtern und harmlos.

Ihre „Dynamik" bekommen sie erst durch die Verbindung zueinander.

Eine Verbindung, die, vom menschlichen Standpunkt aus betrachtet – zweifellos und zunächst – irgendwo im Kopf eines jeden Menschen besteht, entsteht.

Ob sie auch dort beginnt – oder doch in den Tiefen des Alls, bei einer höheren Macht –, das ist und bleibt auch weiterhin eine Glaubensfrage.

Was auch bedeutet, dass es ziemlich unwichtig ist, ob Sie sich als eher schlau oder dumm, als durchschnittlich, aufgeweckt oder gar genial einschätzen. Oder von ihren Mitschülern, Eltern, Brüdern und Schwestern so eingeschätzt werden.

Jedenfalls, zurück zum Thema: Ob diese Relation, die Zahl „21" und / oder die „3" als deren Quersumme noch eine weitere Bedeutung besitzt – genau darum geht es hier in diesem zweiten Kapitel.

Wobei in späteren Vorworten / Kapiteln selbstverständlich auch noch weitere, ganz andere Zahlen und Ziffern – und auch Worte und Buchstaben – in ihrer Beziehung zueinander, in ihrem Raum-Zeit-Gefüge, und ihre Bedeutung bei verschiedenen Völkern und Religionsgemeinschaften gedeutet werden.

In der menschlichen Entwicklung steht bzw. stand die „21" als Beginn des Erwachsenenalters. Nicht im Alter von 18, sondern erst mit 21 Jahren durfte man in vielen europäischen Ländern wählen gehen. 21 Jahre ist noch heute in den USA das Mindestalter, um hochprozentigen Alkohol zu kaufen, einen Mietwagen zu steuern oder ein Hotelzimmer zu buchen.

Dahinter steckt die Theorie von den 7er-Schritten in der menschlichen Entwicklung.

Während das 7. Lebensjahr den Abschied von der Kindheit bedeutet, auch das von den Milchzähnen - und den Eintritt in das Schulalter -, ist das 14. Lebensjahr der Beginn der Teenager-Zeit, der Start in die Pubertät und der hormonellen Umstellung des

Körpers. Oder, eher salopp gesprochen: mit vierzehn beginnt die Zeit, da die Eltern schwierig werden.

Mit etwa 21 Jahren sollte die Pubertät beendet sein. Mit einundzwanzig ist man geistig und körperlich ziemlich reif, ausgereift. So die Vorstellungen vieler Menschen, auch Entwicklungspsychologen

Auch unter diesem Aspekt ist das dreifache Auftreten der „21" außerordentlich interessant.

Im Falle eines englischen Physikers, bei dem kurz nach dessen 21. Lebensjahr ALS diagnostiziert wurde, kann man vielleicht fragen, weshalb ein Mensch auf die merkwürdige Idee kommt, sich bzw. seine „Identität" hinter den Sternen, bei den schwarzen Löchern zu suchen?

Da das Erd- und Himmels-Spektakel im Frühjahr 2015 aber kein englisches, sondern eher ein deutsch-schweizerisches Phänomen war, könnte man zunächst fragen, welche „Reife" jene Kulturen am Rhein und Neckar, in den Bergen, am Zürichsee oder in Stuttgart an den Tag legen?

Man könnte beispielsweise fragen, ob Autofabriken, ob Banken, ob Schlachthöfe oder TV-Kochsendungen tatsächlich den Kern einer Zivilisation, einer Hochkultur ausmachen – dürfen, sollen?

Wenn man die 21 oder 23 als Jahreszahl betrachtet, und ein wenig vorausschaut, dann ist man ziemlich schnell bereits im Jahr 2021, 2022, 2023 ...

Wer an 2022 zudem an Zürich denkt, wird neben Banken und Nummern und Konten und Geheimnissen eventuell auch an die FIFA denken - oder gar an Korruption?

Wer die 21 oder 23 eher rückblickend sieht, und in den Jahren 1921-23 landet, denkt vielleicht an die „unreifen" Jahre nach dem 1. Weltkrieg, an die historischen, schrecklichen oder dummen „Friedensverträge": von Versailles oder Lausanne?

Vielleicht schweifen die Gedanken einiger Mitteleuropäer aber auch weniger in die Schweiz und nach Katar, sondern richten sich nach Deutsch-Südwest: beispielsweise auf die Burg Hohenzollern, auf preußische Könige oder deutsche Kaiser namens Wilhelm?

Geologisch betrachtet war die Region um die „Preußenburg", rund um Albstadt die interessanteste, die labilste in Deutschland im vergangenen Jahrhundert.

Wer sich von Mitteleuropa lieber distanziert – aus welchen Gründen auch immer - und sich einem anderen Kulturraum zuwendet, wird eventuell die Entdeckung machen, dass die „23" im Orient nicht ein x-beliebige, sondern eine ganz besondere, eine ziemlich wichtige Zahl ist.

Was wohl allein der Tatsache geschuldet ist, dass das Prophetentum Mohammeds 23 Jahre lang dauerte.

Und auch die „Verdoppelung" der 23 scheint im Islam eine Rolle zu spielen, da man davon ausgeht, dass wahre Träume 1/46 des Prophetentums ausmachen.

Und prophetische und andere Träume spielen im Islam und in muslimischen Gesellschaften offensichtlich eine wichtige Rolle; seit den Anfängen bis in die heutige Zeit. Tausende von Gelehrten sollen in den zurückliegenden Jahrhunderten menschliche Träume von Sonne, Mond und Sternen, von Pflanzen und Ereignissen, von Zelten und Teppichen und Getränken und Körperteilen und Städten und Häusern und Erdbeben und Heirat und Scheidung und Krankheit und Tod niedergeschrieben, weitererzählt, interpretiert haben.

Zwei der interessantesten Träume, die dem Propheten selbst zugeschrieben werden, haben mit Kämpfen bzw. kriegerischen Handlungen zu tun, in die Mohammed einst verwickelt wurde. Neben ihm selbst tauchen in einem der beiden Träume auch ein Verwandter, ein Kamel und ein Widder auf, sowie – vielleicht der spannendste Aspekt der ganzen Sache – ein abgebrochenes Schwert.

In der islamischen Welt wurde und wird jenes abgebrochene Traum-Schwert Mohammeds dahingehend gedeutet, als dass er einerseits einen

Gegner töten würde, andererseits auch selbst einen Verlust hinnehmen müsste. Was angeblich und kurz darauf auch wirklich geschah: ein Feind Mohammeds wurde von ihm geschlagen, aber auch ein enger Verwandter soll in jener Schlacht umgekommen sein.

Ein anderer Traum des Propheten berichtet davon, dass Mohammed mit dem obersten Engel eine Unterredung hatte – ein Streitgespräch, ein Disput.

Allerdings werden dazu im Koran keinerlei Inhalte überliefert - was die Interpretation für Außenstehende etwas schwierig macht.

Für gute Muslime ist wohl bereits die Tatsache, dass der höchste Engel sich mit Mohammed unterhält ein Zeichen seiner Erwählung. Eines von vielen Zeichen.

Einem gewöhnlichen Chinesen, Europäer oder Amerikaner, dem der Koran so fremd ist wie die arabische Halbinsel oder das frühe Mittelalter, wird all dies vermutlich nur ein Achselzucken, ein Stirnrunzeln oder eine andere Geste entlocken, die von mehr oder weniger Nachdenklichkeit bzw. Befremden geprägt ist.

Und wer dem Islam eher skeptisch oder ablehnend gegenübersteht, wird sich vielleicht zu ganz anderen Gedankenspielen animiert sehen: Er wird vielleicht denken, dass der höchste Engel mit Mohammed eventuell etwas Klartext gesprochen haben könnte…, ihm vielleicht einige nicht so freundliche und gänzlich unarabische Vokabeln und Weisheiten eingeflößt hat …?

Und beim Thema „Schwert" wird sich der aufmüpfige Interpret aus dem „bösen Westen" vielleicht die Frage stellen: Was wäre, wenn jener Traum Mohammeds sich nicht nur auf einen „arabischen" Konflikt im Jahre 611, 624 oder 626 bezog, sondern wenn das abgebrochene Schwert gar eine Schwäche bzw. mehrere Schwachstellen des Prophetentums symbolisiert?

Wenn das verkürzte Schwert nicht nur auf einen zeitlich naheliegenden militärischen Verlust hindeutet, sondern in die Ferne, in die weite Zukunft, beispielsweise in das 15. oder 21. Jahrhundert weist – oder gar auf inhaltliche Halbwahrheiten?

Wenn es also nur eine Frage der Zeit ist …

Lügen haben kurze Beine, lautet ein Sprichwort. Atomkerne besitzen eine Halbwertszeit, sagen die Physiker.

Wie auch immer: Die „21" hat stattgefunden, die „23" ebenfalls. Vor gar nicht langer Zeit.

Ganz gleich, ob man sie als Symbole, als Zeichen oder als reine Zufälle deutet – ihre Existenz kann man nicht leugnen!

Symbole sind jedenfalls leichter und lockerer zu deuten - man kann sich ihnen eher spielerisch nähern.

Sowohl das Erdbeben als auch der Meteorit waren von ihrer physikalischen Energie her eher kleinere bis mittlere Naturphänomene.

Ihre „Power" bekommen sie durch ihre Relation zueinander: 21 Tage, 21 Stunden, 21 Minuten.

Es scheint so ähnlich zu sein wie mit der Homöopathie. Der physikalische, pharmazeutische, materielle Kern ist eher dünn, fast substanzlos. Die Wirkung aber …

Für die einen: stark, heilsam, lebendig, kraftvoll.

Für andere: reine Einbildung, Humbug, unwissenschaftliche Phantasie-Medizin.

Wobei die Beziehung zwischen Geophysik und Homöopathie möglicherweise doch etwas an den Haaren herbeigezogen wirkt, oder ist?

Wie auch immer: Wer Homöopathie oder klassische Medizin erwähnt, wer sich damit beschäftigt und das tut ein jeder irgendwann in seinem Leben -, der hat immer auch Krankheit im Sinn.

Und das ist für die praktische Vernunft ja irgendwie die spannendste Frage: Deuten die 21- 21 - 21er-Ereignisse vom Frühjahr auf eine „Erkrankung" hin?

Waren sie Vorboten von Degeneration, Verfall, gar Verwesung?

Zeichen für die Unvollkommenheit der Erde, des Weltalls?

Oder weisen sie auf ein kollektives Problem hin?

Auf weitverbreitete, mentale Störungen?

Auf kranke Köpfe?

Mitten in Europa?

Auch diese Frage bietet sich an, im Spätsommer, im Herbst des Jahres 2015, da überwiegend muslimische, sunnitische Flüchtlinge aus dem Südosten, aus Syrien, Pakistan und Afghanistan via Türkei und Griechenland, via Mazedonien und Serbien, via Ungarn und Österreich, neuerdings auch via Kroatien und Slowenien zu Hunderttausenden nach Mitteleuropa wandern.

Da sie sich in Deutschland – oder in Schweden, oder in der Schweiz - eine bessere Zukunft erhoffen. Da die Deutschen, einige Deutsche – Politiker, Wirtschaftsführer und weitere „halbgebildete Gutmenschen" – ihnen Schutz versprochen haben. Zudem Unterkunft und Essen, teilweise auch medizinische Versorgung und Arbeit.

Der Meteorit jedenfalls hat die Gegenrichtung einge-schlagen: Am Sonntagabend, dem 15. März 2015

- als Millionen Deutsche, Österreicher und Schweizer den *Tatort* im TV sahen.

Und auch das ist ein Aspekt, der in der „Flüchtlings-Diskussion" nach Meinung vieler zu kurz kommt.

Der kriminelle Hintergrund der Flüchtlingsströme. Nicht nur die Tatsache, dass Kämpfe zwischen Arabern und Kurden, zwischen Afghanen, Pakistani, Paschtunen, zwischen Schiiten und Sunniten eigentlich kein europäisches oder christliches Problem sind, darstellen sollten …

Nicht nur die Tatsache, dass wohl mehr als 99% der Muslime, die auf Kos, Lesbos oder einer anderen griechischen Insel landen, 1000 oder mehr Euro für ihre kurze Überfahrt an ebenfalls muslimische Schleuser bezahlt haben: in Istanbul, Izmir, Bodrum.

Nicht nur die Tatsache, dass die stein- und ölreichen Staaten in der Nachbarschaft von Syrien ihren „Glaubensbrüdern" weitaus ablehnender gegenüberstehen als die deutsche Kanzlerin ...

Deutschland soll, darf, will - hat bisher 100 Mal mehr muslimische Flüchtlinge aufgenommen als Saudi-Arabien und die Golfstaaten zusammen.

Diese Wahrheit klingt in vielen, nicht nur ungarischen Ohren zunehmend wie ein schlechter deutscher Witz. Wie ein Selbstbetrug. Wie eine Krankheit. Wie eine mentale, politische Störung.

Wie ein manipulierter Motor. Wie ein Land ohne Steuermann. Wie ein Volk ohne Grenzen, ohne Tempolimit. Land ohne Abgasfilter. Ohne Sinn und ohne Verstand.

Wie auch immer: Der Meteorit jedenfalls schlug eine andere Richtung ein.

Eine ganz andere

RichtUNg.

Mitte März.

2015

Vorwort III

Newton – Alchemie - Galilei – Einstein – Pauli – Hawking - Bewegungsgesetze – Jung – Synchronizität

Newton datierte die Kreuzigung Jesu auf den 3. April des Jahres 33 unserer Zeitrechnung. Mit einem möglichen Weltuntergang beschäftigte er sich auch – vor 2060 sollte er nach seinen Mathematik- bzw. Bibelstudien aber nicht stattfinden.

Soweit die weniger bekannte Seite eines Mannes, den die meisten Menschen des Abendlandes spätestens im Alter von etwa 12 oder 13 Jahren kennenlernen. Gewöhnlich in der Schule, vermutlich im Physikunterricht, in der 7. oder 8. Klasse.

Dort geht es dann um die Schwerkraft, die Gravitation, und die Frage, weshalb der Apfel – und nicht nur der – auf die Erde fällt.

Hier geht es auch um andere Früchte, um mehr oder weniger gesunde. Um Menschen und Bücher. Auch um Stephen, einem Nachfolger von Isaac Newton – zumindest was den Lehrstuhl in Cambridge betrifft.

Doch Lehrstühle sind nicht alles – so wenig wie die Schule oder Rollstühle das Maß aller Dinge sind. Sein sollten ...

Dass jener berühmte englische „Neuzeit"-Physiker in einem Rollstuhl sitzen würde, konnte Newton nicht vorausberechnen. Denn die Kenntnis der Gravitation, der Mechanik oder der Bewegungsgesetze lassen wohl gewisse Rückschlüsse auf Planeten zu – sowie auf jene deutlich kleineren Objekte, die vom Baum oder vom Himmel fallen.

Sie geben aber keine Auskunft, *weshalb* und *wann* Menschen stürzen – sei es beim Eislaufen, wie es bei Hawking einst während des Studiums der Fall war, sei es beim Treppengehen oder Fensterputzen, wie es anderen Männern oder Frauen irgendwann im Laufe des Lebens passiert; passieren könnte.

Die meisten Stürze widerfahren einem Menschen vermutlich in seinen beiden ersten Lebensjahren – beim Erlernen des aufrechten Ganges. Und manche Menschen stürzen vielleicht wieder am Ende ihres Lebens häufiger: wenn die Kräfte schwinden – wenn der Wille zur senkrechten Lebensgestaltung, zum irdischen Leben überhaupt nachlässt; wenn der Kreis sich wieder schließt?

Stürze von Kleinkindern sind meistens recht harmlos, was physikalisch durch die geringe Masse des Kindes und den relativ tiefen Schwerpunkt bzw. die niedrige Fallhöhe bedingt ist. Biologisch durch die Struktur der Knochen. Und philosophisch-theologisch vielleicht darin, dass es nicht der Sinn des Lebens sein kann, dass sich sich (Ex-)Babys beim Abschied von der Krabbelphase täglich schwer verletzen?!

Stürze von Kleinkindern werden von diesen wohl auch gar nicht als solche interpretiert. Und auch die erwachsenen Beobachter reagieren auf das Stolpern von Kleinkindern eher mit einem „Hoppla" als mit einem „Mist" oder „verfluchte Sch***".

Mit letztere Worten quittiert man eher sein eigenes Unglück. Oder wenn eine Fliegerbombe vom Himmel fällt. Was verständlich ist.

Und wofür der 1942 geborenen englische „Neuzeit" Physiker auch eine Erklärung hat. Genau genommen schrieb er, dass Heidelberg und Göttingen im zweiten Weltkrieg deshalb nicht bombardiert wurden, weil sich die Briten an ein Abkommen gehalten hatten. Umgekehrt verpflichteten sich die Deutschen bzw. Nazis, weder Oxford noch Cambridge in Schutt und Asche zu legen.

Was an dieser „Theorie" dran ist, wissen wohl jene Menschen, die erstens lesen können und zweitens die „Verträge" bzw. Abkommen bzw. Schriften zu Gesicht bekommen haben. Also irgendwelche Politiker - oder, etwas später - Historiker.

Die meisten Zeitzeugen, die im Sommer 1945 am Leben waren, können zumindest bestätigen, dass die

Baustruktur der genannten vier Städte deutlich intakter war als jene von Dresden, Pforzheim, Köln, Hamburg, Coventry, London oder, oder, oder ….

Doch dies ist hier nicht das zentrale Thema. Später geht es allerdings genau um solche psychodynamischen Fragen: Also, inwieweit die Struktur der menschlichen, kollektiven Psyche sich im Stadtbild wiedererkennen lässt.

Oder, etwas salopper: Wenn Volksgruppen, Nationen, Regionen etwas oder ziemlich kaputt sind – kann man das dann an zerstörten Städten, toten Flüssen oder einstürzenden Bergen wiedererkennen …?!

Wie auch immer: Ob Phosphorbomben, ganze Flugzeuge oder nur Äpfel oder Birnen zu Boden stürzen, ist den physikalischen Gesetzen wohl ziemlich gleichgültig.

Den – meisten - Menschen dagegen nicht!

Sofern man davon ausgeht, dass physikalische Gesetze weniger Mitgefühl besitzen als menschliche Wesen.

Nicht nur das frühkindliche Laufen lernen ist, scheint ein Balance-Akt zu sein. Die ganze Entwicklung des Menschen, und seine Interpretation der Welt, der Geschichte, der Religionen, der Wissenschaft ist ein, kann als ein „spielerischer" oder „verbissener" Versuch beschrieben werden, den menschlichen Körper samt Geist in einen angemessenen, korrekten, ausbalancierten Zu-Stand zu versetzen. Wobei der Körper tagsüber eher senkrecht, nachts meist waagrecht ist. Während der Geist …?

Erkenne dich selbst – stand einst in Delphi.

Und wenn man sich das letzte Werk von Hawking ansieht, kann man – zwischen den Zeilen - erkennen, wie auch er damit „ringt" , neue Antworten zu finden: Antworten auf Fragen, die nicht nur den fernen Kosmos und noch fernere schwarze Löcher betreffen, sondern seine eigene Existenz: seine eigene Entwicklung, seine eigene Krankheit.

Tatsache ist: Hawking wurde 1942 geboren, rund 300 Jahre nach Newton.

Des weiteren: Die Geburt von Stephen H wurde weder in der Bibel noch in ähnlich heiligen oder interpretationsbedürftigen Schriften erwähnt.

Selbst in englischen Handschriften oder alten Ausgaben der SUN, des DAILY MIRROR oder der TIMES scheint nichts darauf hinzudeuten, dass da einst ein Physiker in Britannien geboren werden sollte, der seit den 1960-er Jahren fast magisch von schwarzen Löchern angezogen wird.

Und der in den späten 1980-er Jahren darüber auch in Büchern philosophiert. Oder sagen wir besser: laut nachdenkt. Weil Philosophie ja im Wortsinne mit einer gewissen Liebe zur Weisheit bzw. Wahrheit zu tun hat …

Jedenfalls: in jenen Tagen, da Hawking mit *Eine kurze Geschichte der Zeit* einen späteren Bestseller herausbringt, taucht er auch erstmals im Kino auf, und später im TV: in einer Folge von *StarTrek* bzw. *Raumschiff Enterprise* spielt er eine kleine Rolle. Zusammen mit Einstein und Newton und einer weiteren Person sitzt er am Tisch – und pokert.

Und weil selten oder nie drei oder vier Kartenspieler gleichzeitig gewinnen können, gibt es auch hier nur einen Sieger: And the winner is: Hawking.

Was die Schlussfolgerung erlauben sollte: Glück im Spiel – Pech im Leben?

War es Pech?

Hatten Einstein und Newton einfach nur Glück, dass bei Ihnen im Alter von 21 Jahren kein ALS diagnostiziert wurde – und dass das Schwinden ihrer Muskelkraft sie ab dem 26. oder 27. Lebensjahr nicht dazu zwang, den Rest des Lebens sitzend und liegend zu verbringen?

Hatten Isaac, Albert oder Galileo, hatten Newton, Einstein und Galilei, hatten diese drei „alten" oder altmodischen Physiker - und ein paar Milliarden andere Menschen ebenfalls - neben dem „Glück" vielleicht auch noch jene Portion – gesunden – Verstandes …?

Besitzen verschiedene Menschen ganz unterschiedliche Mengen an gesundem Menschenverstand? Und steht diese geistige „Gesundheit" womöglich in keiner Weise in irgendeinem Verhältnis zum IQ?

Es war wohl der gesunde Menschenverstand Goethes, der ihn im hohen Alter auf seine Studentenzeit in Straßburg zurückblicken ließ, auf seine damalige und erste Beschäftigung mit Shakespeare, den er verehrte, oder seine weiteren Studien, u.a. eines französischen Buches über Naturwissenschaften, das er nicht sonderlich schätzte, im Gegenteil, fast schon verachtete.
„Allein wie hohl und leer ward uns in dieser atheistischen Halbnacht zumute."

Auch darum geht es im Leben vieler Menschen – und auch hier: Um Tag & Nacht. Um Götterdämmerung und Halbnacht. Um Prophezeiungen und Katastrophen. Um staatlich finanzierte Hochschullehrer, auch um beamtete. Um französische, englische, arabische oder deutsche Leer- & Lehrkörper.

In späteren Kapiteln auch um gesunde, kranke bzw. geniale Maler: beispielsweise um van Gogh und Gauguin. Wobei sich in dem einen Fall die Frage nach Reinkarnation geradezu aufzudrängen scheint; im anderen Fall die Verbindung zu einem gewaltigen kollektiven Irrtum, der im Massenselbstmord endete.

Auch andere Impressionisten und expressive Gestalten, inklusive Nietzsche, werden Gegenstand späterer Betrachtung sein. Sowie weitere Naturerscheinungen: Naturkatastrophen und -ströphchen.

Schließlich und endlich wird es am Ende wieder harmonischer: Bach und Händel, Grieg, Sibelius und weitere Komponisten und deren Musik stehen dann im Fokus.

Teils in Verbindung mit leicht verdaulicher, spielerisch-verständlicher Zahlenmystik.

Teils unter der Frage, welches Offenbarungspotential der Musik überhaupt zukommt? Laut Beethoven ein höheres *„als alle Weisheit und Philosophie."*

Wobei man sich hier kurz fragen könnte, ob Beethoven mit seiner „obigen" Weisheit die antike oder mittelalterliche Theologie und Philosophie im Sinn hatte? Oder gefielen ihm die Antworten der „neuen" Naturwissenschaft nicht so recht? Schließlich lebte er nach Kopernikus, Descartes, Galilei, Newton oder Leibniz.

Aber Beethoven spielt zunächst keine Rolle.

Weil es hier weniger um klassische Physik, Musikwissenschaft oder abendländische Theologie geht; auch nicht primär um Briten, Deutsche, Franzosen oder Italiener.

Wobei sich manch einer im Fall des berühmten Verfassers der *Kurzen Geschichte der Zeit* vielleicht im Stillen doch fragt, ob es galaktische Wurmlöcher wirklich gibt? Und ob jener „berühmte" Stephen vielleicht vor einigen Jahrzehnten eine erste kurze Reise dorthin tatsächlich unternommen hat?

Sicher nicht mit *Germanwings* oder *Egyptair*, geschweige denn mit *British Airways*, *EasyJet* oder *Ryanair*.

Trotzdem -, ja -, gewiss -, zweifellos.

Solche, für manch einen scheinbar unverschämte, frivole, leichtsinnige, verletzende, verstörende oder doch lustige, freigeistige und letzte Fragen werden hier erörtert.

In den Raum geworfen.

Psycho-soma-tisch-e Fragen – im aller weitesten Sinne.

In der Philosophie spricht man eher vom Leib-Seele-Problem.

Auch um Mord und Selbstmord geht es. Hier. Und später.

Um die „archaische" Idee vom Opfer.

Um geopferte Menschen - und Tiere.

Und um alte Glaubenswahrheiten, neue Ideologien, Überzeugungen, die ein Mensch im Laufe seines Lebens opfert, über Bord wirft …

Wegwerfen muss, weil er sonst stagniert, stehenbleibt …?!

Oder sogar krank wird: an Leib und Seele?

Auch um solche eher „psychologische" als medizinische Fragen dreht es sich im weiteren Verlauf, in späteren Kapiteln.

Wie können Menschen mit „kranken" Ideen andere Menschen infizieren?

Wie konnte es passieren, dass sich zigtausende, Millionen Menschen in den vergangenen Jahren und Jahrhunderten irgendwie, irgendwo angesteckt haben?

Nicht mittels Bakterien, Viren, Würmern oder Insekten.

Sondern „nur" im Kopf, exklusiv im „Geist".

Oder wächst der „Irrsinn" in jedem Menschen doch ganz autonom heran? Letztlich unabhängig von der Umwelt?

Viele Fragen. Auf welche die Natur erstaunlich viele Antworten hat.

Und bessere als der Mensch?

So denkt jedenfalls nicht nur Goethe.

Der auch vom ewigen Konflikt zwischen *Glaube und Unglaube* sprach. Dem *eigentlichen, einzigen, tiefsten Thema* der Welt- und Menschengeschichte.

Wer jemals von Wolfgang Pauli gehört hat, einem Physiker und Nobelpreisträger und „Schüler" Einsteins, der weiß eventuell, dass Pauli sich selbst als Ungläubigen bezeichnete. Noch genauer: als fanatischen Atheisten. Nicht von Kindesbeinen an und auch nicht am Ende seines Lebens, aber in einer gewissen Lebensphase sah er sich so – rückblickend.

Newtons Leben bzw. Denken schien dagegen „harmonischer" gewesen zu sein. Lag es daran, dass er an einem Weihnachtstag das Licht der Welt erblickte?

Jedenfalls: Mehr als 500 Bücher umfasste Isaacs Privatbibliothek, etwa 30% davon waren nicht mathematischer oder naturwissenschaftlicher Natur. Abwertend würde man fast jedes dritte Buch Newtons heutzutage esoterisch nennen. Sachlicher wäre wohl die Bezeichnungen: alchemistisch.

Für die einen Irrlehren – für andere Alchemie, Kabbala oder Rosenkreuz.

Wobei: das eine muss das andere nicht ausschließen?

„Newton's use of alchemical symbols was creative and unorthodox".

So steht es anno 2015 im Internet, auf einer Seite einer amerikanischen Universität, die sich vor einigen Jahren den „unbekannten" Seiten von Sir Isaac zuwandte:

„Yet there is another more mysterious side to Newton that is imperfectly known ..."

Und die Akademiker der Indiana University haben rund 1 000 000 Wörter gezählt. Eine Million geheimnisvolle „mysteriöse" Worte. Eventuell hat den akademischen „Indianern" ein Scanner, ein Computer plus irgendein Word-Programm beim Zählen geholfen?

So akkurat soll vor einigen Jahrzehnten auch Wolfgang Pauli vorgegangen sein. Der deshalb von Kollegen als das *Gewissen der Physik* bezeichnet wurde. Würde Pauli heute noch leben: vielleicht könnte er zwei, drei, vier oder fünf Rechenfehler im Werk des Oxford-Cambridge-Stephen erkennen? Und auch den anderen, den Hobbyphysikern und „uns" Laien aufzeigen?

Korrekt berechnet hat Hawking auf jeden Fall den zeitlichen Abstand zwischen dem Tod Galileis und seiner Geburt. Genau 300 Jahre. Auf den Tag genau. Hawking erwähnt dies in seinem letzten, autobiographischen Werk, jedoch ohne allzu tiefe, weder schwarze noch weiße noch bunte

Spekulationen darüber. Letztlich weiß er, wissen es viele: Millionen Menschen „feiern", oder haben täglich irgendwo auf der Welt Geburtstag.

Freundlicherweise erzählt er auch, dass zu seinen Schulzeiten in England die mittelmäßigen Schüler eher Biologie als Studienfach wählten, die besten dagegen Mathematik und Physik.

Etwas selbstkritischer bekennt Hawking – inzwischen -, dass seine Leistungen in Mathematik zu jener Zeit zwar recht gut waren, aber es immer Mitschüler gab, die besser waren.

Was man derart übersetzen könnte: Hawking war nie der Klassenprimus. Und es gab Mitschüler, die sich weniger häufig verrechnet haben. Sich seltener getäuscht haben.

Oder: Stephen machte weniger Fehler in Mathematik als die schlechten, aber auch mehr als die besten seiner Jahrgangsstufe.

Dessen ungeachtet stellt sich nicht nur in seinem Fall die Frage: Hat die „menschliche" Faszination für schwarze Löcher etwas mit Astrophysik, IQ und Verstand zu tun – oder liegt sie eher im psychischen Apparat bzw. der geistigen Befindlichkeit der Person, des Betrachters, des Interpreten, des Autors?

Hier und jetzt folgen ein kleiner Zeitsprung, und ein kleiner Gedankensprung: von Hawkings Schul- und Studienzeit in den 1950/60-ern in die Gegenwart.

„Du Mama, ist der wirklich tot?"

Was Kinder ihre Eltern hin und wieder fragen, während oder nach einem TV-Spielfilm oder Krimi, kann – teilweise – ziemlich klar beantwortet werden.

Denn eine heutige Mami oder ein aktueller Papa kennen Winnetou und Old Shatterhand vermutlich besser als ihr noch unreifer Nachwuchs. Sie wissen es, haben es gelesen, gehört: Winnetou starb am 6. Juni 2015. In „echt".

Wolfgang Paulis Brieffreund, Berater und „Psycho-Lehrer" C.G. Jung starb ebenfalls an einem 6. Juni!

Der „weise" Häuptling der Apachen – und der „größte" Psychologe des 20. Jahrhunderts. Was immer sie verbinden oder trennen mag. Im „Todestag" sind sie vereint …

Thematisch.

Und irgendwie wird dieser Kreis damit auch würdig geschlossen: Von Newton, via Einstein, Pauli, C.G. Jung und dem Häuptling der Apachen bis zur University of Indiana …

Synchronizität ist das Fachwort in der Psychologie: für sinnvolle Zufälle.

Meaningful coincidence nennt man „solche" Phänomene im angelsächsischen Raum. Zusammenhänge, die nicht-kausal sind.

Aber von Bedeutung. Sinnhaft. Teilweise witzig. Manchmal eher erschreckend.

„Originellerweise" ist auch der TV-Mörder Winnetous vor wenigen Monaten gestorben – im richtigen Leben.

Winnetou und Old Shatterhand.

Blutsbrüder und ewige Jagdgründe.

Manitu, Leben und Tod, das Jenseits.

Wildnis, Zivilisationskritik, und die Suche nach der heilen Welt.

Im Diesseits.

Auf Erden.

Also: Jenseits von Raumschiff. Beyond Enterprise.

Ob Hobbyphysiker oder Sozialpädagoge, Brite oder Mitteleuropäer: Manch einer sieht, vermutet in Hawking auch heute das Genie, zumindest einen großen Denker.

Aber nicht wenige Menschen sind auch anno 2015 von seinem Atheismus, seiner „Philosophie" eher gelangweilt, wenn nicht abgestoßen.

Und manch einer sieht in ihm vielleicht gar nicht den armen, unschuldigen Kerl im Rollstuhl, sondern einen deformierten Engel der Finsternis, einen „Todesboten"

Und interpretiert die „Synchronizität" von Galileis Todes- und Hawkins Geburtstagsdatum eventuell als Hinweis, als Zeichen, als Beleg, dass der heutige, noch lebende Cambridge-Physiker im tiefsten Kern keinerlei Verbindung hat zu den lebendigen Seelen: auch nicht zu den gläubigen Vorgängern wie Galileo oder Sir Isaac?!

Jedoch: Auch Stephen Hawking bekommt noch seine Chance: hier, auf Erden, in einem späteren Kapitel / Vorwort kommt er persönlich zu Wort, darf uns zumindest einen seiner „wirren", spätjugendlichen bzw. frühreifen Träume samt Interpretation vorstellen.

Dort werden auch „Hirngespinste" bzw. „Prophezeiungen" von Nietzsche, Prof. Wolfgang Pauli und J.W. Goethe erörtert.

Sigmund Freud spielt bei deren Interpretation – verständlicherweise - aber keine bedeutende Rolle. Seine Verdienste um psychisch labile, kranke oder einfach nur dümmlich-dämliche Personen, Menschen, Frauen des späten 19. und frühen 20. Jahrhunderts in allen Ehren. Aber seine ziemlich eindimensionale, monokausal-sexuelle, im gewissen Sinne recht zwanghafte Orientierung in Sachen Traumdeutung machen ihn für geistreiche Abhandlungen so uninteressant wie einst für den – reifen - Jung!?

Es gibt mehr Ding zwischen Himmel und Erde, als eure Schulweisheit sich träumen lässt.

Was Shakespeare einst aussprach, aussprechen ließ - es könnte auch hier als Geleitwort stehen.

Als Vor-Vorwort.

Wenn da nicht schon Leonardo oder Goethe wären:

Mit ihren Ideen zu: Malerei, Moral, Natur und Philosophie.

Eine Wertung soll das aber nicht sein.

Wirklich.

Nicht.

Vorwort IV

Europa / Multik**aki / ****

The Stars Look Different

2day

Was haben die Bundeskanzlerin, die Fraktionsvorsitzende der Grünen und der EKD-Ratsvorsitzende gemeinsam?

Den Familiennamen? - Nein.

Die Parteizugehörigkeit? - Auch nicht.

Die Schuhgröße? - Unbekannt.

Den Guru? - Eventuell.

Die Konfession? - Ja, jein; doch; könnte man wohl so sagen.

Die Ethik? - Vermutlich auch, irgendwie.

Sind alle drei Personen strenge Vertreter einer Gesinnungsethik?

Also keine Anhänger einer Erfolgs- bzw. Verantwortungsethik?!

Gehören sie zu jenen Menschen, die sich an romantischen Sensationen berauschen?

Die nicht real fühlen können? Die die Wirklichkeit nicht wahrhaben wollen?

Und emotional irgendwie gestört sind?

Wie auch immer man zu pragmatischen Lösungen, zu Max Weber oder Helmut Schmidt stehen mag.

Personen, die eine Gesinnungsethik vertreten, sind nicht nur nach Max Webers Ansicht in der Politik meistens fehl am Platz.

Woraus man folgern könnte: Die Bundeskanzlerin, die Fraktionsvorsitzende der Grünen und der EKD-Ratsvorsitzende sind für die Gestaltung Deutschlands nicht nur überflüssig, sondern eventuell sogar gefährlich?!

Und das selbe gilt für Dutzende oder Hunderte weitere „Gesinnungs-Genossen", die öffentliche oder kirchliche Ämter bekleiden, die mit Politik und Gerede ihren Lebensunterhalt verdienen.

Denken sie verantwortungslos?

Fühlen sie verzerrt?

Reden sie irrational?

Handeln sie verantwortungslos?

Sind diese „Gutmenschen" nicht nur zweitklassige Politiker und/oder drittklassige Theologen, sondern auch Personen, denen die Ideologie und ihr „Kadavergehorsam" wichtiger ist als die Vernunft?

Und die folglich – früher oder später - ein Problem darstellen werden: für ihre Landsleute, für die Nachbarn, für halb Europa?

Nun, wie auch immer man zu Max Weber stehen mag. Wie auch immer man dessen Theorien über die protestantische Ethik und deren praktische Folgen für die berufliche Karriere bzw. den wirtschaftlichen Erfolg von Individuen bzw. Gesellschaften einordnet.

Tatsache ist, dass manche Menschen einen Eid schwören: auf die Verfassung, auf ein Buch, oder auf eine Führungsperson.

Und selbst wenn sie dies explizit nicht tun, besteht bei sogenannten „religiösen" Personen die Gefahr, dass sie allein nach ihren Glaubensvorstellungen handeln – und die unerwünschten bzw. üblen Folgen ihres Handelns bzw. Nichthandelns nicht verantworten wollen.

Wobei Weber nicht nur die protestantischen Glaubenskämpfer, sondern auch die atheistischen und marxistisch-leninistischen oder nationalistischen Figuren im Blickfeld hatte.

Also Ideologen jeglicher Couleur – vom linken und rechten Rand; sowie aus der Mitte der Gesellschaft.

Und neunzig Prozent dieser Gesinnungspolitiker waren nach seiner Meinung mehr oder weniger Idioten, Vollpfosten, Schwachköpfe.

Inwieweit er die obengenannten, noch lebenden, noch agierenden, noch regierenden, noch schwadronierenden Personen darunter zählen würde, bleibt spekulativ.

Denn Max Webers Worte sind rund hundert Jahre alt.

Und in seinen Schriften tauchen auch nicht Vollidioten oder Hirntote auf – sondern eine relativ artige, zumindest kultiviertere Bezeichnung: Windbeutel.

Mit welchen Worten er im privatem Kreis solche „labilen" Figuren bezeichnete, ist dem Verfasser dieser Zeilen nicht bekannt.

Letzterem ist Max Weber im Alter von etwa 18 Jahren auf etwas andere Art über den Weg gelaufen. Über den Schulweg, wenn man so will. Webers *puritanisch-calvinistische* Ethik begegnete ihm einst und erstmals in der Oberstufe, genau genommen im Geschichts-LK.

Bei nicht wenigen Schülern des Kurses hat Webers religionssoziologische Theorie damals intensive Spuren im Großhirn hinterlassen. Zumindest als tiefsinniges Schlagwort.

Wobei die Geschichtslehrerin hin und wieder bemängelte, dass manch eine Schülerin bei Klausuren die puritanisch-calvinistische Ethik zum wiederholten Male als Erklärungsversuch für historische Ereignisse heranzog; schon wieder den Verlauf der Geschichte in einer Art deutete, die nach ihrer, nach Lehrermeinung, nichts, aber rein gar nichts mit Calvin oder der Prädestinationslehre zu tun hatte; und auch nicht mit der Wirtschaftsethik der protestantischen oder katholischen oder bürgerlichen oder proletarischen Bevölkerung - zum damaligen, zum nachgefragten Zeitpunkt.

Wie auch immer.

Zurück zur mündlichen Ausdrucksweise.

Die meisten, wenn nicht alle Menschen sprechen am häuslichen Küchentisch eine andere Sprache als am dörflichen oder städtischen Stammtisch. Und formulieren in den eigenen vier Wänden auch andere Sätze und Schlagwörter als in ihren schulischen oder wissenschaftlichen Publikationen.

Davon abgesehen geht es hier nur am Rande um die aktuelle deutsche Innen-, Außen-, Schul-, Bildungs- oder Flüchtlingspolitik.

Auch die Frage, welche Ethik die amtierende Regierungschefin und ihre Minister vertreten, soll nicht weiter erörtert werden.

Es soll aber Menschen geben, die der Kanzlerin unterstellen, dass sie nicht nur Moral und Ethik oder Menschenfreundlichkeit im Sinn hatte, als sie im Spätsommer bzw. Herbst des vergangenen Jahres die „Willkommenskultur" gegenüber den syrischen, irakischen, afghanischen, muslimischen Flüchtlingen zelebrierte.

Manch einer vermutete, dass die Dame aus dem Kanzleramt nicht nur Richtung Ungarn und Serbien und Lesbos schielte, sondern auch nach Stockholm und Oslo.

Und weil Alfreds Physikpreis unerreichbar war, blieb ihr im Herbst 2015 nur noch die vage bzw. spontane Hoffnung auf den Friedensnobelpreis …!?!

Doch wie bereits angedeutet: Die verschiedenen Ideen über Ethik und Moral sollen hier nicht weiter im Mittelpunkt stehen.

Und auch nicht das Prozentrechnen.

Oder Addition, Division, Plutimikation.

Geschweige denn das maßlos gekrümmte bzw. schielitische Sehvermögen einer Person x zum Zeitpunkt y:

40% Budapest-Bahnhofs-Exit-Strategie,

5% Lesbos-Schlauchboot-Strand-Videos,

18% Willkommens-Schein-Kultur,

17% Verfassungs-GG-Ideologie,

plus 20% Oslo-Nobel-Wunsch-Traum.

Ergibt zusammen 100%.

Waren das die Kräfte, Bilder und Mächte, die in Berlin oder München, im Kanzleramt oder bei anderen „Gesinnungsethikern" die Richtung vorgaben?

Sind das die richtigen Prozent-Sätze?

Waren das die Rausch-Mittel?

Vor einigen Monaten.

Anno 2015.

Vor Paris.

Vor Köln.

Nein, es soll hier kein letztes Werturteil über Fraktions- oder Kirchenratsvorsitzende oder Regierungsvertreter gesprochen werden.

Auch nicht über die namenlosen und applaudierenden und ehrenamtlichen „Halb-Weisen" am Münchner Hauptbahnhof oder sonst wo.

In ihrem Privatleben können sich schließlich auch „Windbeutel" als ziemlich anständige Groß- oder Kleinfamilienmenschen entpuppen.

Allein es wäre wohl besser für ein Land, wenn sich nicht zu viele dämliche und selbstherrliche Gesinnungsethiker und Kleingeister in der großen Politik herumtrieben.

Und was für Deutschland gilt, gilt auch für andere Länder Europas.

Wobei der weitere Fokus einerseits auf die „protestantisch-unorthodoxe" Entwicklungen in Südosteuropa gerichtet ist; andererseits sollen hier insbesondere vier weitere Personen im Mittelpunkt stehen, die aus ganz unterschiedlichen Milieus und Kulturen stammen – und mit den obigen drei Berufs- bzw. Gesinnungsethikern wenig bzw. nichts zu tun haben.

Da wäre zum einen ein amerikanischer Politikwissenschaftler und Autor.

Zum anderen ein französischer Theologe und Naturwissenschaftler.

Zum dritten ein deutscher Sozialdemokrat und Ex-Bundespräsident.

Und last but not least ein englischer Popmusiker und Astronaut.

Auch wenn die vier Personen auf den ersten Blick vielleicht wenig Gemeinsamkeiten aufzuweisen haben – wenn man davon absieht, dass sie alle mit zwei Armen, zwei Beinen, zwei Augen und auch zwei Ohren zur Welt gekommen sind.

Und diese auch mit dieser Konfiguration wieder hinter sich gelassen haben.

Nun, die philosophisch-zahlenmystischen Gesichtspunkte im Leben und Sterben dieser vier Personen sind wohl noch spannender und „aufschlussreicher" als die rein medizinischen, ethischen, politischen oder paläontologischen Befunde, mit denen diese namhaften Personen üblicherweise in Verbindung gebracht werden.

Planet Earth is blue - and there's nothing I can do.

Singt Major Tom.

Lautet eine Zeile von David Bowie / *Space Oddity*.

In den USA einst in dem Album bzw. unter dem Titel *Man of Words / Man of Music* erschienen.

Ein Lied, ein Song, ein Text - dessen Hintersinn wohl nur wenige anno 1969 verstanden haben!?

In und um Deutschland vermutlich so gut wie niemand - in den ersten vier Jahrzehnten nach dessen Veröffentlichung …!?

David Bowie starb – nicht nur für seine Fans ziemlich überraschend – vor wenigen Wochen: am 10. Januar 2016 in New York.

Zwei Tage zuvor feierte er seinen letzten Geburtstag, seinen 69., und brachte an jenem Tag sein neuestes – und letztes – Werk heraus:

Lazarus heißt ein Titel davon - wie üblich auch ein Musikvideo

Ohne hier auf den biblischen Hintergrund einzugehen: Es schien, als ob David Bowie von seinem baldigen Ende wusste; er inszeniert sich im Jenseits - als Sterbender, Toter bzw. Aufgeweckter.

Auch in *Space Oddity / Major Tom* ging es nur vordergründig um Astronauten, Weltall und Raumschiffe.

Obgleich die erste Mondlandung eines Menschen - eines Amerikaners - im Sommer des gleichen Jahres stattfand.

Space Oddity beschreibt nicht nur einen wirklich sonderbaren, eigentümlichen, seltsamen Raum.

Der aber keinesfalls nur im fernen Universum zu suchen ist.

Der sich auf der Erde befindet.

Seit Jahrhunderten!

Ground control to Major Tom.

Die ersten Worte des Songs. Ein Funkspruch, eine Ansprache, ein Dialog.

Schließlich die gestörte, die unterbrochene Kommunikation: zwischen dem Kontrollzentrum, der Bodenstation unten - und der Raumkapsel oben.

Im übertragenen Sinne ging es auch dort, im Erscheinungsjahr 1969, bereits um Religion und Kirche.

Auch um Politik und Christentum – sowie eine weitere „Welt-Religion".

Zudem um die Frage, wer die Erde, den Grund, den Boden kontrollieren soll.

Kontrollieren darf.

Beherrschen soll.

Beherrschen darf.

Beherrscht.

Der „Grund", der in dem Song umspielt, mit Worten, mit Bildern angedeutet wird, befindet sich ganz im Südosten Europas.

Dieser Grund ist eng mit Byzanz und Konstantinopel verbunden. Dort errichteten orthodoxe Christen bereits in der Antike ihre Gotteshäuser; die größte und prächtigste wurde nach der heiligen Weisheit benannt.

Bis Mitte des 15. Jahrhunderts war die Hagia Sophia der architektonische Mittel- bzw. Höhepunkt der orthodoxen Christenheit.

Bereits ein Jahrhundert zuvor kamen immer mehr Türken via Zentralasien und Anatolien nach Europa – und versuchten sich mit Gewalt auf dem Land der Griechen, Bulgaren und Serben niederzulassen.

Ende Mai 1453 hatten die muslimischen Eroberer auch am Bosporus Erfolg: Nachdem sie die Mauern Konstantinopels überrannt und die christlichen

Verteidiger getötet hatten, widmeten sich die Türken alsbald der Baukunst: vier ziemlich hohe Minarette errichteten sie um die Hagia Sophia herum.

Den Innenraum gestalteten sie auf unterschiedliche, radikal-neumodische, klassisch-getürkte Weise: Mosaike, Malereien und Kreuze wurden entfernt oder zerstört - oder schlicht mit Halbmonden und Sternen und anderen islamischen Symbolen übertüncht.

Far above the moon.

There's something wrong.

The Stars look different today.

Planet Earth is blue - and there's nothing I can do.

Vier Textausschnitte aus *Space Oddity / Man of Words*.

Major Tom hatte irgendwann bemerkt, dass da etwas nicht stimmt.

Weit weg vom Mond.

Und dass die Sterne auch heute noch ganz anders aussehen - als früher.

Gewiss: aus Sicht der Raumfahrer ist die Erde ein blauer Planet.

Aus Sicht des heutigen Konstantinopel- bzw. Istanbul-Besuchers steht unweit der Hagia Sophia ein neues „Gotteshaus" – ein ähnlich großer, relativ junger „Tempel".

Genaugenommen die größte Moschee der Türkei – zumindest auf europäischem Boden.   Nach Sultan Ahmed benannt. Im Westen ist sie als blaue Moschee bekannt, und besitzt – Allah ist mächtig - sogar sechs Minarette!! !! !!

Das ist rekordverdächtig.

Nicht nur für Europa, sondern für die ganze islamische Welt.

Lediglich in der Heimat Mohammeds gibt es zwei Moscheen, die noch mehr Minarette aufzuweisen haben.

Womit der Verdacht naheliegt, dass es eine Art religiöse bzw. architektonische Ordnungspolitik gibt – in Mekka, Medina, Arabien, Nahost.

Symmetrie ist die Ästhetik der Dummen, der Einfältigen.

Lautet eine gemeine Redewendung – die in der Regel aber nicht in Verbindung mit den Saudis oder Türken zitiert, ausgesprochen wird.

Und der man – ungeachtet seines kunstgeschichtlichen Gehalts – auch nicht zustimmen muß.

Wenn man nicht im Kern ein Rudolf-Steiner-Anhänger ist, oder ein fundamentalistischer Anthroposoph; und schiefe Winkel als kerngesund - rechte Winkel dagegen als eher krank oder blöd oder doof bezeichnet; betrachtet.

Oder nicht betrachten – will.

Hier geht es aber nicht primär um Architektur, um Steiners Rudi oder versteinerte Kulturen; auch nicht um gefällige, tiefsinnige oder banale Popsongs und deren Interpretation.

Hier steht die Zahlenmystik im Vordergrund!

In Verbindung mit dem Leben: von Menschen und Tieren - in unterschiedlichen Gesellschaften, Religionen, Kultur-Räumen.

Es mag Zufall gewesen sein – es mag eine brutale Ironie des Schicksals gewesen sein -, dass zwei Tage nach David Bowies Tod bei einem Terroranschlag in Istanbul, unweit der Hagia Sophia, unweit der Blauen Moschee, rund zehn Touristen, zehn Menschen ums Leben kamen: überwiegend Deutsche.

Ende Januar verstarb eine elfte oder zwölfte Person.

Zehn, elf oder zwölf Todesopfer. Wie auch immer.

Es sind natürlich recht viele sind, die da starben. Aber doch weniger als vor ein paar Jahren auf Djerba, wo Islamisten mit einem Tanklastwagen in der Nähe einer Synagoge einen ganzen Reisebus in die Luft sprengten, abfackelten.

Und wenn man die rund 130 Toten in Paris im November des vergangenen Jahres oder die mehr als 200 russischen Flugzeugpassagiere nimmt, die kurz zuvor über dem Sinai den Tod fanden. Oder die überwiegend britischen Badegäste, die im Juni 2015 in Tunesien abgeknallt wurden …

Wenn man gar auf den Bosporus und die *Urkatastrophe* von 1453 zurückblickt, als rund 50 000 Christen starben, die ihre Stadt mehrere Wochen lang tatkräftig oder mit Gebeten zu verteidigen versuchten – um dann doch von den Türken niedergemetzelt oder versklavt zu werden.

Zehn, elf oder ein Dutzend Tote sind vermutlich 10 oder 11 oder 12 zu viel.

Aber doch relativ wenig, wenn man zurückblickt.

Und noch weniger, wenn man auf die nächsten Jahre blickt – vorausschaut?!

Als zahlenmystisches Phänomen soll und kann dieser Terrorakt in Istanbul vom 12. Januar 2016, der vermutlich auf das Konto eines syrischen

Flüchtlings und Sympathisanten bzw. IS-Mitarbeiters geht, hier aber nicht verkauft werden.

Obgleich manch einer Mystik eventuell in die Nähe von Magie stellt; im schlimmsten Fall mit Aberglauben, Hexerei oder menschlichem Terror verwechselt.

Mystik hat aber nichts mit Zauberei zu tun, auch nicht mit schwarzer oder weißer Magie und anderen diffusen Hirngespinsten; mit Gedanken, Vorstellungen, die – wahrscheinlich – lediglich in den Köpfen der Menschen ihr Unwesen treiben; und nicht in der realen, natürlichen Welt.

Mystik wird nicht von Menschen gemacht.

Mystik steht für eine göttliche Ausdrucksweise, ist eine natürliche, reine, nicht zu verfälschende, Sprache - und damit ein Symbol für Klarheit und Wahrheit!?

Der Mensch kann mystische Phänomene eigentlich nur wahrnehmen, empfangen – so ähnlich wie das Sonnenlicht.

Und Sonnenstrahlen werden von Mond und Mars und Venus bekanntlich auch nur reflektiert; können von Planeten nicht selbst erzeugt, nicht ausgestrahlt werden.

Soweit diese kurze, nicht typisch lexikalische Begriffsbestimmung; Umschreibung.

Und damit wieder zurück in die Antike, ins Mittelalter, ins 21. Jahrhundert - und gen Südosten.

Dass deutsche Touristen seit Jahren eine wichtige - die wichtigste? - Reisegruppe bei Istanbul- und Türkeireisen stellen, ist eine Sache.

Dass Deutsche – im Gefolge von Kaiser Wilhelm und Bagdad-Bahn – die Industrialisierung der Türkei vorantrieben, eine andere.

Dass deutsche Soldaten und Offiziere – nicht nur im 1. Weltkrieg - gegen viele Europäer kämpften, hin und wieder an der Seite der osmanisch-türkischen Besatzer, der Antieuropäer, des Antichristen ...

Bevor es jetzt zu unappetitlich, zu schmutzig oder zu verschlagen wird, wechseln wir schnell zu Bruder Johannes – und zu ein paar anständigen Christenmenschen, und deren Lebensdaten bzw. Todestagen.

„Bruder Johannes" ist vielen noch bekannt: Als Politiker, NRW-Ministerpräsident, SPD-Mann.

Und auch als Mensch, Landesvater, Brückenbauer.

Wobei man kurz einwenden könnte, dass auch Leonardo da Vinci vor über 500 Jahren nicht nur an Flugzeugen, Gemälden und Helikoptern herumbastelte, sondern auch an irdisch-bodenständigeren Konstruktionen tüftelte.

Eine ziemlich große Brücke wollte er bauen. Fern der Heimat. In einer Stadt, die er – im Gegensatz zu einigen seiner Landsleuten - aber nie persönlich gesehen, nie besucht hatte; und die auch keine Brücken kannte – zumindest nicht von Europa nach Asien.

Es scheint so gewesen zu sein, dass Leonardo dem damaligen Sultan einen unterwürfigen Brief schrieb, um dem neuen Herrscher von Konstantinopel seine Idee schmackhaft zu machen.

Wir unterstellen einfach – ohne jedoch letzte Gewissheit zu haben -, dass es sich dabei weder um *Da-da-Vinci-Ironie* noch akribisch gebückte Real-Satire handelte.

Und womit lediglich erwähnt sein soll: Neben deutschen Industriellen, Ingenieuren und Wilhelms gab es auch noch andere Genies und Europäer, die bereit waren, mit den türkisch-muslimischen Besatzern zu kollaborieren.

Bereits im 15., im 16., im 17., im 18., im 19., im 20. - und auch im 21. Jahrhundert.

Nicht alle permanent, aber einige doch hin und wieder.

Und ziemlich lange.

Wobei die spätmittelalterlichen bzw. neuzeitlichen Franzosen wohl mit die schlimmsten Finger waren;

gefolgt von den Verrätern aus Britannien, aus Griechenland und Balkanien.

Oder in etwas anderer Reihenfolge?

Nicht zu vergessen die „ungläubigen" und inzwischen islamisierten Albaner, Kosovaren und Bosnier?!

Wobei man den Engländern zugutehalten muß, dass sie in der Regel und seit Richard Löwenherz ja nicht gegen, sondern tapfer für die christliche Sache kämpften.

Aber Mitte des 19. Jahrhunderts war es wohl so, dass man wegen der *„Krim-Krise"* an der Seite der Türken in den Krieg zog – und gegen die Russen!

Wobei es den Briten wohl nicht so sehr und die Vorherrschaft im Schwarzen Meer ging, als vielmehr um die Seewege im östlichen Mittelmeer.

Und um den Suezkanal - um Arabien, Afrika, Indien?!

Vermutlich fürchtete man in London um 1850 den russischen Bären und Zaren weitaus mehr als die „alte" osmanische Weltmacht: weil die Türken bereits zum *kranken Mann am Bosporus* degenerierten; jedenfalls in der westlichen Welt, der europäischen Presselandschaft!?

Und auch heute gibt es wohl nicht wenige griechische Zyprioten, die die Briten und ihre Militärbasen auf ihrer Insel nicht nur zu schätzen wissen. Die von London keinen Fortschritt in der Zypern-Frage erwarten - den Angelsachsen primär Egoismus und pures Interesse am Status quo unterstellen.

Und den US-Amerikanern ebenso.

Was nicht wenige „echte" Zyprioten dazu animiert, in den Russen ihren natürlichen Verbündeten zu sehen.

Wobei Russland – nicht nur geographisch – ja in der Tat das traditionelle östliche europäische Bollwerk gegen Mongolenstürme, Krimtartaren und ähnlich orientierte asiatische Steppenkrieger, Invasoren bzw. Turkvölker darstellt.

Was aber vor zwei Jahren und im Angesicht der russischen „Okkupation" der ukrainischen Krim in weiten Teilen der Medienwelt eher totgeschwiegen wurde.

Sei es aus Unwissenheit - sei es aus politischem Kalkül.

Bei *CNN*, *Fox-News* und in anderen US-Nachrichtenkanälen wurde im März 2014 darüber kein Wort verloren – obgleich viele amerikanische Experten und Moderatoren damals täglich und stundenlang über die Ukraine und die Krim berichteten.

Und dass es jenseits des Atlantiks, bei *ARD* oder *BBC* damals viel hintergründiger oder historischer zuging - darf bezweifelt werden?!

Europäer, Amerikaner und Ukrainer sprechen noch heute meist von Annexion oder Okkupation, wenn sie auf die Krim blicken – und auf die etwa zwei Jahre zurückliegenden Ereignisse.

Wer damals mit ganz gewöhnlichen, ziemlich normalen Russen sprach, weiß, dass jene diese Wortwahl nicht nachvollziehen konnten. Für viele, für die meisten Russen war die Annexion der Krim lediglich eine Art von Wiedervereinigung. Und daran hat sich wohl wenig geändert.

Was manch ein Westmensch auf die Propaganda in russischen „Staatsmedien" zurückführt.

Was aber – in diesem Fall – wohl nur die halbe Wahrheit ist. Vermutlich noch weniger.

Und womit den Ukrainern auch nicht verboten werden soll, weiterhin von Annexion oder Okkupation zu sprechen.

Obgleich das eventuell nur zu 25% der historisch-politischen Realität entspricht.

Und vielleicht sollten Ukrainer auch hin und wieder über die wachsende Islamisierung der Krim unter *ihrer* Herrschaft – und seit dem Zerfall der Sowjetunion sprechen?

Sicher: Wenn Polen oder Finnen oder Balten dem alten oder neuen, dem großen und/oder expansiven Nachbarn auch nicht so richtig über den Weg trauen, dann mag das viele gute Gründe haben.

Gründe, Ereignisse, Manipulationen, Bevormundungen, die aber wohl weniger im Jahr 2014 zu suchen sind – als vielmehr einige Jahrzehnte oder Jahrhunderte zurückliegen. So in Richtung Stalinismus! Richtung 18. Jahrhundert?!

Wie auch immer.

Zurück in den Westen.

In die allwissenden *Engel*länder.

Wo man seit jeher – wie überall auf der Welt?! - seinen Gefallenen gedenkt.

Zwischen Liverpool und Christchurch erinnern sich viele am 25. April jeden Jahres an ihre Kriegsopfer.

In anderen Commonwealth-Regionen zwischen Auckland und London ebenso.

Auch in Melbourne, Sydney oder Perth gedenkt man den Zehntausenden Landsleuten, die im Krieg ihr Leben ließen; überwiegend am ANZAC-Day.

Und insbesondere jenen, die im 1. Weltkrieg im Kampf gegen die Türken starben.

In einer Schlacht, die ganz im Südosten Europas stattfand.

Im Nordosten der Ägäis – ganz grob gesprochen.

Unweit von Konstantinopel, Istanbul.

Nördlich von Lesbos, bei den Dardanellen.

Inwieweit bei solchen und anderen Gedenkveranstaltungen auch der eigenen „Schuld", der eigenen „Dummheit" nachgetrauert wird?

Nun, es wird ein paar Menschen geben, zwischen London und Larnaca, zwischen Gibraltar und Moskau, zwischen Wien und Budapest, zwischen Dublin und Sofia, die wohl ahnen, dass ein vereinigtes Europa längst die Niederlagen von 1453 oder 1915-1918 hätte wettmachen können.

Wer kann ernsthaft bestreiten, dass man die türkischen Besatzer nicht bereits vor Jahrzehnten oder Jahrhunderten aus Istanbul, aus Thrakien, aus Zypern hätte entfernen können?!

Wenn es den Kalten Krieg nicht gegeben hätte. Wenn die europäischen Groß- und Mittelmächte nicht so dumm, die Kleinstaaten nicht so zerstritten gewesen wären …

Und wenn es nicht so viele Kollaborateure gegeben hätte: Griechische, bulgarische, rumänische oder serbische Christen paktierten mit den Osmanen. Ebenso dienten Neu-Muslime - „Konvertiten" - aus Bosnien, Mazedonien oder Albanien in der osmanischen Armee.

All diesen Opportunisten, Schwächlingen und Verrätern – Hunderttausenden! - ist es zu verdanken, dass weite Teile Südosteuropas über Jahrhunderte türkische Besatzungszone blieben; und Tausende Quadratkilometer europäischen Bodens auch anno 2016 von Millionen kleinen Sultans, Asiaten und deren Nachfahren okkupiert werden.

Last but not least: genau diese muslimischen, zentralasiatischen, anatolischen „Nachbarn" agieren auch weiterhin als Schleuser; befördern Hunderttausende Sunniten und andere Mohammedaner nach Griechenland und Bulgarien; destabilisieren und unterwandern die Ägäis, die Krim und den Balkan.

1683 standen die Türken vor Wien. Heute sind sie drin.

Lautet ein österreichischer Witz.

Den viele nicht witzig finden.

Weder in Österreich noch in Ungarn oder Tschechien oder Serbien.

Auch in der Slowakei oder Slowenien will man nicht zu viele Fremdkörper aus dem Südosten, aus Asien. Oder Nordafrika.

Und selbst die Protestanten in Mitteleuropa und Skandinavien scheinen zunehmend ihre Willkommens- bzw. Integrationskultur zu hinterfragen.

Vermutlich nicht ganz freiwillig.

Aber der Druck der indigenen Bevölkerung auf die Regierenden und Invasoren scheint zu wachsen.

Nicht wenige der heutigen erwachsenen Europäer erkennen in dem einen oder anderen griechischen oder französischen oder deutschen oder italienischen Politiker nämlich eher den Hurensohn oder Kollaborateur oder Schwachkopf – und nicht den würdigen Repräsentanten für ein vereinigtes und freies Europa.

People in motion.

Schleuser im Aufwind.

Europa in Bewegung.

Europa in der Krise.

Die aktuellen Diskussionen über die Ägäis und das Mittelmeer …

Im TV und in den Zeitungen wird über Stacheldraht und über Hotspots, über Lesbos oder Köln berichtet.

Im Internet wird zunehmend die Frage diskutiert, wie man zugewanderte Vergewaltiger, Kanaken oder Nordafrikaner wieder loswird.

Rechtsstaatliche Abschiebeverfahren mit oder ohne Flugzeug gelten als relativ aufwendige und teure Lösung.

Deutlich günstiger erscheint manch einem, das Problem mit Kugeln, Schlagstöcken oder chemischen Substanzen aus der Welt zu schaffen.

Wobei sich im *World Wide Web* immer ganz verschiedene und auch recht exotische Meinungen finden lassen.

Davon abgesehen: Leute, die sich für Radikal- bzw. Endlösungen einsetzen, können im engeren Sinne wohl nicht immer als Humanisten oder Philanthropen bezeichnet werden. Im Weberschen Kontext wohl auch nicht als Verantwortungsethiker.

Die meisten von ihnen wollen aber auch gar nicht mit Gutmenschen verwechselt werden.

Und ob sie alle brav die Kirchensteuer bezahlen, darf auch bezweifelt werden.

Obgleich das Internet dahingehend nicht als sonderlich erkenntnisreiche Quelle einzustufen ist.

Jedenfalls:

Wer die heutigen Flüchtlinge, ihre Religion und ihre Routen betrachtet …

Wer die Zugrichtung der Araber und Türken und Mauren etwas kennt, der stellt fest, dass die alten Invasoren vor 500 oder 1300 Jahren *seltsamerweise* genau die gleichen Land- und Seewege benutzten wie die heutigen Muslime!!!!

Westliches Mittelmeer.

Östliche Ägäis.

Straße von Gibraltar.

Thrakien. Bulgarien. Griechenland. Mazedonien.

Balkan.

Balkanien.

Balkonien.

Lediglich ein Aspekt scheint in der jüngeren Jetztzeit in das Bewußtsein mancher Europäer neu vorgedrungen zu sein.

Es gibt *den* Mohammedaner gar nicht.

Es gibt nicht einen.

Es gibt noch mehr!

Es gibt Sunniten und Schiiten.

Und als Untergruppe beispielsweise noch die Aleviten.

Die in Aleppo und Damaskus wohnen.

Teilweise auch regieren.

Womit man einen Bogen zu Saulus schlagen könnte.

Oder zu Paulus.

Oder nach Palmyra.

In den alten Orient.

Zum Baalskult.

Zu den UNESCO-Weltkulturstätten.

Und zu anderen – mehr oder weniger – bedrohten Orten, Kulturen, Konfessionen.

Wir waren aber bei jenem Mann stehen geblieben, der als recht anständig galt – und auch deshalb ein paar Jahre Präsident spielen durfte.

Pardon: als *Bundespräsident* amtieren durfte – weil zuvor gewählt.

Der also viele Freunde hatte – nicht nur im eigenen Lager.

In Wuppertal, Elberfeld, Düsseldorf und Barmen aber wohl doch ein paar mehr als in St. Pauli oder auf dem Amselfeld.

Und der seine vielen Geburtstagsgäste – womöglich nicht nur echte Freunde? - auch mal durch Gelder der NRW-Landesbank bewirtete.

In dessen Regierungszeit die WestLB auch so manche Flugreise von Politikern finanzierte – und ziemlich dubios abrechnete.

Aber so was soll vorkommen – in den besten Familien.

Und die sozialdemokratische „Gemeinde" ist – insbesondere im Westen der Republik – für ihre engen, familiären, geradezu verfilzten Beziehungsgeflechte bekannt.

Aber nein, niemand will hier und heute und nachträglich dem recht freundlichen, umgänglichen

Herrn Johannes Rau oder seinen damaligen Zeitgenossen ans Bein pinkeln.

Weil es hier ja – wie bereits erwähnt – primär um Zahlenmystik geht: und nicht um Straßenköter, Bankenaufsicht, Sozialdemokraten oder Liberale.

Johannes Rau kann - auch nachträglich - sicher als ein Politiker bezeichnet werden, dem es nicht in erster Linie um die Akkumulation von privatem, materiellem Reichtum ging.

Dem es um Versöhnung und Ausgleich ging.

Und der sich für die Kumpels im Ruhrgebiet einsetzte.

Vielleicht mehr, als es dem Land ökonomisch guttat?

Mittelfristig - langfristig betrachtet.

Wobei anzumerken ist, dass NRW über Jahrzehnte weitaus mehr von Bergbau, Kohle, Stahl- und Eisenindustrie geprägt war als fast alle anderen Bundesländer.

Und dass deren Krise in den 1960er, 70er und 80er-Jahren mit einem technologischen und globalen Wandel zu tun hatte.

Dass *Übergangszeiten* und Strukturwandel nicht immer ganz leicht sind – weiß manch ein Mensch aus eigener Erfahrung.

Oder er hat es gelesen, gehört: von einem Völkerkundler oder Ethnopsychologen. Oder einem Transsexuellen: in *ARTE?*

Oder in Bangkok?

Bei *RTL II?*

Oder beim *Eurovision de la Chanson?*

Beim *Grand Prix!*

Nein, nicht *Formel 1.*

Auch nicht *DTM.*

Nichts *Nascar.*

Musikwettbewerb!

Singen. Tanzen.

Kostümieren.

Schminken.

Punkte zählen.

Am Schluß.

Nochmals.

Singen.

Transformation.

Verwandlung.

Metamorphose.

Wie auch immer - wo auch immer:

Johannes Rau, ein Mann, der nicht nur im Parlament, im Dienstwagen oder Präsidialamt lebte - sondern privat auch in einem christlich-freikirchlichen Umfeld.

Dem es vermutlich um harmonische Übergänge ging: an Rhein und Ruhr.

Nicht um Aufruhr – nicht um Spaltung und Hetze.

Ein friedliches Miteinander der Menschen war ihm wohl wichtig. Zumindest erweckte er diesen Eindruck.

Als Mensch und Kirchentagsschwätzer.

In NRW, in Deutschland, in der Welt

Ein besonderes Anliegen war für Bruder Johannes – wie er aufgrund seiner Sprechweise, seines

Vokabulars und seines Glaubens oft genannt wurde – die Versöhnung zwischen Deutschen und Juden.

Vermutlich hat er sich auch für italienische und türkische Gastarbeiter oder irgendeine mehr oder minder intelligente Art der Völkerfreundschaft eingesetzt?!

Jedenfalls erhielt er eine Reihe von Auszeichnungen und Medaillen: aus deutschen, italienischen, jüdischen oder türkischen Händen.

Geboren wurde Johannes Rau an einem Freitag, gestorben ist er auch an einem Freitag.

Jeweils im Monat Januar.

Sein Todestag: der 27.01.

Ein Tag, der seit zwei Jahrzenten ein Gedenktag ist - in Deutschland; und seit etwa zehn Jahren auch ein offizieller, internationaler.

Historisch: Der 27. Januar 1945 war jener Tag, an dem das Konzentrationslager Auschwitz befreit wurde.

Somit ist es für manche damaligen Insassen eine Art Feiertag?

Und weniger Gedenktag?

Und für Johannes Rau vermutlich auch kein x-beliebiger Tag.

Gewesen.

Der Vater von Johannes Rau soll ein Christ und Antialkoholiker gewesen sein. Ein *Blaukreuzprediger.*
Personen, die man in Europa vor einem Jahrhundert noch häufiger antraf als heute?

Und die wohl auch im evangelisch-lutherischen Schweden damals unterwegs waren. Vermutlich sind sie auch *Astrid Lindgren* einst begegnet. Jedenfalls kennen viele skandinavische und deutsche Kinder nicht nur den *Michel aus Lönneberga*, sondern auch die Geschichte mit den Kirschen, den leblosen Hühnern, dem verrückten Ferkelchen …

Michels Mutter hatte Kirschwein zubereitet – obgleich ihr Mann, der Bauer *Anton Svensson*, ein überzeugter Abstinenzler, davon nicht so begeistert war. Aber eine Kundin aus der Stadt – *Frau Petrell*

– wollte gutes Geld für den zukünftigen Kirschwein bezahlen.

Jedenfalls bat Mutter Svensson ihren Sohn *Michel*, die vergorenen Früchte auf dem Kompost zu entsorgen.

Der etwa 7-jährige Michel schien den Auftrag auch umsetzen zu wollen: er machte sich auf den Weg in den Garten, betrachtete irgendwann die Kirschen etwas genauer, konnte an ihnen aber weder Fäulnis noch Würmchen feststellen – und entschloss sich deshalb, ein Früchtchen zu probieren.

Da ihm nach seinen Augen auch sein Mund signalisierte, dass die Kirschen eine tadellose, wohlschmeckende Qualität aufweisen, und für den Komposthaufen eigentlich viel zu schade wären, griff er nach einer zweiten, einer dritten, einer vierten – und nach vielen weiteren Kirschen.

Auch sein neuester Freund und treuer Begleiter – ein Ferkel - durfte von den vergorenen Früchten kosten. Auch der Hahn bekam seine Portion.

Bei den beiden Tieren schien der Alkohol allerdings ziemlich heftig und schnell zu wirken. Der Hahn verlor seine Contenance, jagte die Hennen durch den Garten, bis sie in Schockstarre fielen. Und auch das Ferkelchen irrte wild umher, als ob es sich im Drogenrausch befände.

Und weil die Großmutter, *Krösa-Maja*, irgendwann die leblosen Hühner und den beschwipsten Michel in der Horizontalen vorfand, machte sie sich wie üblich sofort auf den Weg zu den Nachbarhöfen: und berichtete allen, die es hören oder nicht hören wollten, was sich bei den *Svenssons* Schreckliches zugetragen hatte: dass sich Michel erst betrunken und danach die Hühner totgeschlagen hätte …

Da sich die Geschichte bald bis zu den *Guttemplern* herumgesprochen hatte, wurden Michel und seine Mutter von diesen wohlmeinenden Abstinenzlern auch bald zu einer ihrer Versammlungen eingeladen. Dort wurden die Zuhörer über die Gefahren des Alkohols aufgeklärt: unterrichtet, wie viel Kummer und Leid der Schnaps, das Bier und der Wein bereits in so viele Familien gebracht hatten.

Wer die nüchterne - oder pathetische - Botschaft verstanden hatte, konnte, durfte bei den *Guttemplern* sodann ein Gelübde ablegen …

Was Michel zu guter Letzt auch zu tun beabsichtigte. Auch er wollte niemals wieder vergorene Kirschen und sonstigen Alkohol anrühren – und dafür Sorge tragen, andere Mitbürger von dieser bösen Versuchung fernzuhalten.

Dass das Ferkelchen – mit Verspätung – ebenso den Weg in die Kirche bzw. in die Versammlung gefunden hat, macht die Geschichte vielleicht nicht für jedermann glaubwürdiger, aber zumindest deutlich lustiger, heiterer: insbesondere für Kinder.

Eventuell auch für erwachsene Zoologen, Vegetarier oder Damen der feinen Gesellschaft - wie z.B. Frau Petrell –, die ja ursprünglich die Auftragsgeberin des Kirschweins war; und auch die Hauptkonsumentin sein sollte, sein wollte!?

Jedenfalls hörten sich neben Michel auch dessen Mutter sowie das Schweinchen die mahnenden Worte, die Predigt der *Guttempler* an. Und natürlich auch weitere Zweibeiner aus Stadt und Land …

Die Hühner, der Hahn und Frau Petrell wollten offensichtlich aber lieber nicht an der Versammlung teilnehmen. Im Film sind sie jedenfalls auf keiner Kirchenbank zu erkennen. Und auch nicht darunter – oder darüber.

Für jene Leser unter Ihnen, die sich für die *Metaebene* vielleicht weitaus mehr interessieren als für die Figuren aus Astrid Lindgrens Büchern - oder die Schauspieler im schwedisch-deutschen Kinderfilm aus den 1970-er Jahren …

Wer die bäuerliche, klein- oder großbürgerliche, protestantische oder nordische Alltagskultur in Südschweden vor gut einem Jahrhundert …

Nun, weder Schweden noch Kinderliteratur sind hier das eigentliche Thema. Astrid Lindgren wurde jedenfalls 1907 geboren – und starb rund 95 Jahre später. Mit *Pippi Langstrumpf* schuf sie vielleicht ihre prominenteste Kunstfigur.

Wir waren aber bei *echten* Menschen, richtigen Protestanten und bei *Brother John* stehengeblieben. Und bei dessen Vater, dem Blaukreuzprediger *Ewald Rau.*

Welche Parallelen oder Dissonanzen zwischen den deutschen *Blaukreuzern* und den schwedischen *Guttemplern* bestehen, kann hier nicht Gegenstand einer detaillierten Untersuchung sein. Bei beiden Vereinigungen steht jedenfalls die Nüchternheit im Mittelpunkt. Und bei den Blaukreuzern zudem der Herr Jesus aus Nazareth?

Beide Organisationen sind jedoch nicht auf bestimmte Landstriche beschränkt – sondern europa- bzw. weltweit aktiv.

Unter zahlenmystischen, neugierig-neuzeitlichen, auch *wissens-durstig-promille-technischen* Vorzeichen stellt sich vor allem die Frage nach dem Zusammenhang zwischen dem Vater von *Bruder Johannes* – und dessen Lebensdaten, Lebensinhalten:

Hätte *Ewald Rau* ebenfalls zu Ferkelchen gepredigt? Hätte er kleinen Schweinchen den Zutritt zu seiner eigenen Gemeinde verweigert? Hätte er verfolgten Säuen Kirchen-Asyl gewährt? Wenn ja – nur den nüchternen? Wenn nein - weil Schweine eben Schweine sind? Deren Zweck es ist, einmal einen guten *Schinken* abzugeben – wie Michels Vater zutiefst nüchtern gegenüber seinem Sohn bemerkte, als dieser mit dem *Ferkelchen* im Garten spielte –

und dem jungen Schwein auch Hürdenlauf, Hochsprung und weitere eher menschliche, nichtschweinische Kunststücke beizubringen versuchte …

Und wie würden Sie entscheiden? Würden Sie ein Ferkel auch dann nicht diskriminieren, wenn dieses mal versehentlich zu sehr über den Durst getrunken – oder gefressen - hat?

Dem Verfasser dieser Zeilen fällt in diesem Augenblick gerade ein, dass einer seiner letzten Besuche in einer Metzgerei mit dem Kauf von Kirschwassersalami verbunden war.

Wer ohne Sünde ist, der werfe den ersten …

Kirschkern ist besser – tut weniger weh?!

Jedenfalls wurde der Vater des ehemaligen deutschen Bundespräsidenten an einem 1. April geboren.

Womit Spekulationen rund um die *Blaukreuzer* natürlich Tür und Tor geöffnet ist.

Und manch einer würde zudem am liebsten noch das Fass mit der *puritanisch-calvinistischen* oder jenes mit der geschmacklos-wässrigen Gesinnungsethik öffnen?

Wie witzig sind sie: die Glaubensbrüder und -Schwestern von der *Antialkoholiker-Front?* Wie viel Albernheit strahlen sie aus?

Wie viel Ernsthaftigkeit und Seriosität wohnt in ihrem Herzen, in ihrem Hirn?

Manch einer wird jetzt vielleicht denken, dass diese oder jene Anhänger Jesu hier auf die Schippe genommen werden sollen; oder von Astrid Lindgren bereits veralbert wurden?

Aber das ist nicht des Pudels Kern.

Denn die Frage nach der *Mensch-* oder *Schweinswerdung* ist ja kein moderner Gag, den sich nur freche Schwedinnen, obszöne Künstler oder unverschämte Deutschländerwürstchen ausgedacht haben können; er hat ja auch einen zutiefst historischen, fundamental theologischen, einen biblischen und antiken Hintergrund.

Einen *background*, der vielleicht noch ernsthafter ist als die Frage, ob der Teufel den Schnaps gemacht hat – und ob der Alkohol generell als ein Feind des Menschen einzustufen ist.

Warm. - Wärmer. - Relativ heiß ist ja wohl die Frage, die – weshalb auch immer – in protestant- ischen oder katholischen Kreisen selten bzw. gar nie diskutiert wird. Und die damit zu tun hat, dass *der Geist* von Menschen ruckzuck auch in Schweine übertragen werden kann.

Vor knapp zwei Jahrtausenden soll es passiert sein, am See Genezareth. Und Jesus persönlich war dafür mitverantwortlich. Hat sozusagen den Auftrag erteilt.

Was den emotionslosen, ruhig philosophierenden Tierfreund dahingehend berühren könnte, dass er sich fragt, ob damit das Thema *Reinkarnation* auch ein neutestamentliches Fundament besitzt?

Während der eher emotionale, aufgewühlte, erschrockene Lutheraner – oder ein anderer Bösewicht - womöglich befürchtet, selbst eines Tages als Schinkenspeck oder Wurstscheibe auf dem Teller eines Mitbürgers zu landen; im schlimmsten Fall im Mund eines katholischen Bischoffs?
Also in der Vorhölle?

Nein, Sie wollen hier keine frivolen Scherze über Papisten hören, oder lesen? Stattdessen seriöse, klassisch-theologische Fragen erörtert sehen?

Das Thema Reinkarnation / *Seelenwanderung* gehört aber für Millionen, für Milliarden Menschen zu den Kernthemen ihres Glaubens. Teilweise auch ihrer Gemeinschaft, ihrer Religion, ihrer Kirche. Nicht nur am fernen Ganges und am Fuße des Himalaya.

Und Sie erwarten doch sicherlich nicht, dass hier der letzte Beweis dafür geliefert wird, was sich einst im oder um den See Genezareth genau zugetragen hat?

Vielleicht es ja ganz gut, dass solche *schweinisch-menschlich-fleischlose* Interaktionen heutzutage in der öffentlichen Debatte keine Rolle mehr spielen.

Dass Zauber, *Magie* und böse *Dämonen* im Europa des 21. Jahrhunderts nicht mehr die Köpfe vieler Menschen verwirren, vergiften, kontaminieren - fast noch schlimmer als Alkohol und Drogen?!

Und wenn manch ein französischer Katholik oder ein hessischer Protestant die damalige Verwandlung von Wasser in Wein als Beleg dafür nimmt, dass Alkoholabstinenz nicht die erste Christenpflicht sein kann - dann ist das theologisch vielleicht nicht unbedingt die Kernbotschaft jenes biblischen *Wunders von Kana*, aber relativ gesund ist diese Interpretation vielleicht doch. Zum einen für den halbwegs gesunden Menschenverstand, zum anderen auch für die Winzer, Küfer und Weinhändler …

Zurück in die Zukunft.

Ins Jahr 1955 – oder Richtung 1881.

Das sind die Rahmendaten einer anderen Person - eines weiteren Bruders, eines Franzosen. Den man salopp als *Bruder Peter* bezeichnen könnte. Was aber nicht sonderlich hilfreich ist?

Ob *Pierre* auch so genannt wurde, ist dem Verfasser dieser Zeilen aber nicht wirklich bekannt. Da sich der französische „Petrus" aber mit etwa 20 Jahren einem Orden anschloss, kann irgendwie davon ausgegangen werden.

Von seinem Wesen her war Frère Pierre bzw. Bruder Peter wohl auch kein Unruhestifter, kein Spalter.

Es wird ihm noch heute nachgesagt, dass er die Synthese, die Vereinigung suchte: von Religion und Wissenschaft, von Himmel und Erde.

Den Geist will er zudem gefunden haben – in der Materie:

J'étudie la materie et je trouve l'esprit.

Zudem versuchte er Darwins Evolutionstheorie mit dem biblischen Schöpfergott zu verbinden – in seinem Kopf, in seinem Herzen.

Vielleicht war Pierre Teilhard de Chardins Intellekt zu ausgeprägt, vielleicht waren seine „mystischen" Erfahrungen zu bestimmend für sein Denken und Fühlen, für sein Handeln?

So stark, so dominant, dass er Gedanken formulierte und zu Papier brachte, die vielen seiner jesuitischen Ordensbrüder nicht sonderlich gefielen.

Und die von einflußreichen Herrschaften im Vatikan so eingestuft wurden, dass sie deren Veröffentlichung nicht empfehlen wollten – meist auch nicht genehmigten.

Pierre Teilhard de Chardin. Ein französischer Theologe und Naturwissenschaftler, dessen Bücher deshalb vor allem nach seinem Tod erschienen.

Zwischen seiner Geburt 1881 und dem Tod 1955 war er ziemlich viel unterwegs. Wohl mehr als suchender Forscher – und nicht als besserwissender Missionar oder feuriger Wanderprediger: In China, Indien, Birma, Java, Äthiopien und Südafrika schaute er sich um, war er Gast, Reisender, Wissenschaftler.

Die Welt ist nur nach vorwärts interessant – lautete sein Motto.

Was ein wenig - oder ziemlich? – erstaunlich klingt. Fast schon paradox. Für einen Mann, der an der Sorbonne Geologie, Botanik und Zoologie studierte.

Und auch die Skelette von uralten Menschen unter die Lupe nahm; der zu den namhaftesten Paläontologen seiner Zeit gehörte.

Der zudem an Ausgrabungen beteiligt war - und den Pekingmenschen mitentdeckte.

Eine Art Neandertaler - ein chinesischer Cousin des Homo erectus?! Der wiederum mit seinen aufrechten Kumpeln vor mehr als 500 000 Jahren gelebt hat.

Im Freien. In Höhlen. In Wäldern.

In NRW. In Frankreich. In China.

Ganz grob. Ganz unzivilisiert.

Gänzlich unrasiert?

Die Welt ist nur nach vorwärts interessant.

Eine Aussage, die auch als Leit- oder Leidfaden für manch einen Aktienbesitzer fungieren könnte.

Oder für Autorennfahrer. Die bekanntlich nur im Vorwärtsgang 250 km/h auf die Strecke bringen.

Im Rückwärtsgang trauen sie sich das nicht?

Astronauten sind dagegen auch am Rückflug interessiert; zumindest jene, die nicht für *One-Way-Tickets* und Himmelfahrtskommandos trainiert haben. Und Suizid für ähnlich unmoralisch halten wie die jungen und alten Herren im Vatikan.

Über andere Formen von „selbstbestimmtem" Karriereende - über aktive Sterbehilfe, den Freitod, den Kreisverkehr und artverwandte *Rundläufe* - soll am Ende des zweiten bzw. dritten Buches, des sechsten Kapitels noch die Rede sein.

Das – ganz nebenbei - vielleicht das längste, das ausführlichste Kapitel sein wird. Vielleicht nicht das lebloseste, aber ganz gewiss das tödlichste …
Was wiederum einer *asia-tisch-en* Todesgöttin geschuldet ist …

    (Schönes Wortspiel? Appetitlich? Oder eher Fast-Food-Dis-
                              Like-Sau-Mäßig?)

Nun ja, was Menschen den Göttern – oder den Metzgern, den Bäckern, den Religionsstiftern - schulden oder nicht schulden: ist, wäre ein Thema für ein nnnnnnnnnnnnnnnnnnnnnnnnnnnnnnnnoch längeres Kapitel.

Der Mensch im Kosmos – heißt eines der bekanntesten Werke Teilhard de Chardins.

Die Welt ist nur nach vorwärts interessant – ein, sein, zentrales, irgendwie progressiv anmutendes Motto; das man nur theologisch, oder auch politisch deuten darf?!

Es steht hier auch als *Untertitel*. Nicht unbedingt um dem französischen Jesuiten, Theologen, Paläontologen eine große Ehre zu erweisen.

Sondern um auf eine *Richtung* hinzuweisen, die bei Historikern, Biologen, Psychologen, Politkern und Theologen manchmal – oder häufig - etwas zu kurz kommt!?!

Es geht um die Zukunft – das Werden, das Gestalten: um die Entwicklung, die Erschaffung, die Genese.

Für die alttestamentliche Lehre, dass Gott die Welt und den Menschen in wenigen Tagen und fix und fertig erschuf - dafür hatte *de Chardin* wohl nicht viel Verständnis.

Die Knochen und Schädel von Pekingmensch, Neandertaler und anderen Frühmenschen – die er selbst in der Hand hielt, begriff, aus der Nähe sah - lehrten ihn wohl eine andere Denkweise.

Den Kreationismus, wie ihn noch heute orthodoxe Juden oder bibeltreue Christen vertreten, konnte er folglich nicht nachvollziehen.

Teilhard de Chardin versuchte die permanente Entwicklung des Lebens, des Menschen, der Erde, des Kosmos mit seinem Christusverständnis zu vereinbaren …

Wobei manche Bibelworte ihm auch als Hilfsmittel dienten:

Für den Blick auf Gott.

Für die Rückschau - oder für die futuristische Perspektive:

Ich bin der ich bin.

Ich werde sein, der ich sein werde.

Das A und das O.

Der Anfang und das Ende.

Mystik war für ihn Wissenschaft.

Interessant sind bei Teilhard de Chardin insbesondere auch das erste und das letzte Lebensdatum.

Geboren wurde er am Tag der Arbeit – also an einem 1. Mai.

Verstorben ist er an einem Ostersonntag.

Der „höchste" Nicht-Werktag unter den profanen Gedenktagen - sowie der wichtigste Feiertag der Christenheit umrahmen sein Leben.

Wer immer dafür verantwortlich zeichnet: Eine zahlenmystische Meisterleistung.

Eine wahrlich inspirierende Kombination.

Die, was den letzten Tag seines Lebens betrifft, auch dem Wunsch von Bruder Pierre entsprach:

J'aimerais mourir le jour de la Résurrection.

Er würde gerne an Ostern sterben. Soll er 1954 während eines Abendessens - rund ein Jahr vor seinem Tod - gegenüber Freunden gesagt haben.

Und weil er am Tag der Auferstehung des Herrn, am *Easter Sunday* des Jahres 1955 in New York einem Herzinfarkt erlag, gehen wir davon aus, dass es sich nicht um eine „magische", selbstinszenierte Todesursache handelt. Da man Herzattacken wohl nicht künstlich herbeiführen kann.

Ob sich Teilhard de Chardin oder ein anderer Theologe oder Philosoph jemals ausführlich über den 1. Mai und dessen Lebens- respektive Geburts- oder *Werk-Symbolik* geäußert hat, ist dem Verfasser dieser Zeilen nicht bekannt.

Letzterer hat sich vor vielen Jahren lediglich für ein paar Stunden *dem Mensch/en im Kosmos* gewidmet. Jenes Buch mit mehr oder weniger Interesse, Aufmerksamkeit, Begeisterung gelesen.
Wobei Interesse und Aufmerksamkeit wohl die treffendsten Ausdrücke sind; subjektiv, zurückblickend.

Ein weiterer Autor, dessen Werk internationale Beachtung fand, lautet mit Vornamen *Samuel* und *Phillips*. Der Nachname wird später verraten – ist aber nicht so blumig und auch weniger interessant wie beim „Vorgänger" Teilhard de Chardin.

Wobei das mit dem *Interessant-sein* ja auch eher ein subjektives Urteil ist.

Namen und Subjektivität stehen hier nach wie vor nicht im Mittelpunkt – obgleich sie zweifellos auch ihre Daseinsberechtigung haben.
Zahlen, Daten und „objektive" Tatsachen sowie deren Deutung sollen den Kern bilden.

Chardin. Lautmalerisch, klanglich – je nach Betonung - führt das den Hörwilligen, den Frankophonen in einen Garten.

Ob jener *Jardin* eher sonnig oder schattig, einen wilden oder kultivierten Eindruck beim Wortbetrachter hinterlässt – hängt wohl auch mit dessen Phantasie zusammen. Und mit den subjektiven Assoziationen, die ein jeder Mensch mit Garten verbindet.

Mit der Natur, mit dem Paradies, gar mit dem Garten Eden?

Mit irgendwelchen bunten Blumen?

Oder mit Bäumen?

Mit Tieren?

Mit Beeren oder Früchten?

Mit singenden Vögeln, mit wohlklingenden Tönen.

Mit Worten oder fremden Sprachen ...

Samuel Phillips interessierte sich wohl mehr für das Irdische als das Himmlische, insbesondere für die schattigen Seiten der Erde.

Er war Politikwissenschaftler und Autor, zudem Berater des US-Außenministeriums und kümmerte sich weniger um die mystischen, als vielmehr um die „schmutzigen" Aspekte der Weltgeschichte: wenn man den Krieg und militärisch-politische Strategien denn so bezeichnen will.

Sein vielleicht berühmtestes Werk veröffentlichte er mit knapp 70 Jahren: The *Clash of Civilizations and the Remaking of World Order* lautete der Originaltitel. *Kampf der Kulturen* die deutsche Übersetzung.

Nach dem Ende des Kalten Krieges um 1989/90 sah er neue Konfliktlinien am Horizont. Anstelle von Kapitalismus und Kommunismus - vermutete er – würde es nun multipolarer zugehen. Nicht nur zwei Systeme bzw. Ideologien, sondern mehrere, sieben oder acht *Zivilisationen* würden sich gegenüberstehen. Begegnen.

Und zwar teilweise ebenso unfreundlich, relativ feindlich – wie einst Sowjets und Amerikaner …

Einer dieser Kulturräume war seine Heimat. Zu ihr, der westlichen Zivilisation gehören Nordamerika und weite Teile Europas.

Rechts und links und südlich davon erkannte er sechs oder sieben weitere Kulturräume. Wobei er drei davon als wachsend, aufstrebend betrachtete.

Die gänzlich oder halbwegs in Asien liegen: Zwei von ihnen lassen sich grob durch ihre Staatsgrenzen definieren.

Die andere, die dritte aufstrebende Zivilisation – neben dem chinesischen und hinduistischen Kulturraum – sieht er in der islamischen Welt. Die sich im weiteren, glaubenstechnischen Sinne von Südostasien via Bangladesch und Pakistan bis nach Arabien, Ägypten, Algerien und Marokko erstreckt; vielleicht sogar bis nach Nigeria. Also eine Vielzahl von Völkern und Nationen verbindet.

Nach Huntingtons Sicht existieren des weiteren: eine japanische sowie eine russisch-slawische Welt.

Eine afrikanische Kultur südlich der Sahara.

Eine lateinamerikanische - ebenfalls ziemlich heterogen.

Die deshalb für die USA - oder den Weltfrieden - nicht oder weniger bedrohlich sind?

Inwieweit Samuel Philipps Huntington die oben erwähnten drei „asiatischen" Kulturräume nicht nur als aufstrebend, sondern auch als gefährlich betrachtete - aus der Perspektive eines Amerikaners oder eines Mitteleuropäers -, kann der Verfasser dieser Zeilen nicht exakt sagen; jedoch erahnen. Weil Letzterer das Buch *„Kampf der Kulturen. Die Neugestaltung der Weltpolitik im 21. Jahrhundert"* nicht gänzlich, aber auszugsweise gelesen hat.

Jedoch: genau diese drei „Mega-Hot-Spots" sollen in den zwei oder drei folgenden Kapiteln auch die Hauptrolle spielen. Nicht weil Herr Huntington das so wollte …

Auch nicht, weil ein Herr Helmut Schmidt – der später, in Kapitel VI noch ausführlich zu Wort kommt - es so wünschte.

Auch nicht, weil ein Verlag oder ein Guru oder ein Staatsmann oder Politikwissenschaftler das so verlangte, als korrekt, als einzig richtig ansah.

Sondern weil der Verfasser dieser Zeilen bereits seit Jahren *weltpolitische* Katastrophen mit zahlen-mystischem Interpretationsbedarf wahrnimmt – wahrnehmen will.

Und da sich einige der verheerendsten Ereignisse des 20. und 21. Jh. im chinesischen, indischen und islamischen Macht- bzw. Kultur- bzw. Zivilisations-bereich zutrugen ...

Ob sich Mr. Huntington eingängig mit der Eroberung Konstantinopels am Ausgang des Mittelalters auseinandersetzte oder sich – auch privat - eher den scheinbar neueren Konfliktherden auf Zypern, am Suezkanal, im Kaukasus, in Palästina, Pakistan oder Afghanistan zuwandte?

Das können andere Personen vermutlich besser, detaillierter beurteilen.

Huntington war jedenfalls auch Professor in Harvard.

Er war offensichtlich nicht blind, er war hoffentlich nicht gänzlich blöd, und ein wenig kannte er die Weltgeschichte sicher auch.

Im Gegensatz zu manchen spätpubertierenden Rechtsradikalen oder Alt-Linken wußte er wohl, dass es Imperialismus, Faschismus, Machtmissbrauch gab – und gibt. Und dass man Hegemonialstreben nicht nur den USA, Russland, Frankreich, Deutschland, Spanien oder England in die Schuhe schieben darf.

Bereits 1996 schrieb er über die *Ukraine* einige Sätze, die aus heutiger Sicht fast schon prophetisches Potential an den Tag legen. Über die *Möglichkeit der Spaltung* jenes Landes ist dort schon zu lesen: und dass „*kulturelle Faktoren zu der Prognose führen würden, dass eine solche Teilung blutiger als in der Tschechoslowakei verlaufen könnte, aber weit weniger blutig als in Jugoslawien.*"

Ansonsten geht es in dem vor rund zwanzig Jahren erschienen Buch *Kampf der Kulturen* verständlicherweise nicht in erster Linie um die doch relativ kleine Region zwischen Polen und Rußland. Die im Westen, auch in Lemberg, recht katholisch geprägt ist. Im Osten, rund um Donezk, wo sich heute die „Separatisten" tummeln, natürlich traditionell russisch-orthodox. Und etwa in der Mitte befindet sich die Hauptstadt Kiew, welche ältere Fußballfreunde mit der sowjetischen und recht erfolgreichen *Dynamo*-Mannschaft verbinden werden, und heutige Beobachter des Weltgeschehens mit dem *Majdan* – und der irgendwie unbeantworteten Frage, wer die *Euromajdan*-Demonstranten 2013 bzw. 2014 eigentlich waren: und wer auf sie geschossen, wer Dutzende Ukrainer damals getötet hat?!

Eine Antwort darauf finden Sie in Huntingtons Buch sicher nicht. Denn es wurde - wie bereits gesagt – Mitte der 90er-Jahre geschrieben, und veröffentlicht. Zudem hat der Harvard-Politikwissenschaftler die Erde 2008 verlassen … Rund fünf Jahre vor den tödlichen Turbulenzen in Kiew.

Zurück nach Europa: Die Tatsache, dass sich 1994 etwa zweitausend Personen zu einer Demonstration in Sarajevo zusammenfanden, und zwar mit saudiarabischen und türkischen Flaggen, fand Huntington persönlich wohl bemerkenswert.

Und dass im gleichen Jahr mehrere Zehntausend Latinos in Los Angeles für ihre Rechte, für die Rechte der illegal Zugewanderten und deren Kinder auf die Straße gingen - mit mexikanischen Flaggen in der Hand – findet in seinem *Clash-Werk* ebenfalls Erwähnung.

Des weiteren findet man in dem Buch einige recht theoretische, politikwissenschaftliche Abschnitte – die die Mehrheit der Menschheit aber nicht so faszinieren dürfte.

Eine, vielleicht *die* zentrale Aussage in Huntingtons Werk lautet, dass man den Osten und den Süden nicht unterschätzen sollte – dass man China, Indien und die islamische Welt im Auge behalten muss, weil:

„Der Westen verliert an relativem Einfluß, asiatische Kulturen verstärken ihre wirtschaftliche, militärische und politische Macht; der Islam erlebt eine Bevölkerungsexplosion …"

Und Huntington hatte vor gut 20 Jahren wenig Hoffnung, dass die westliche Zivilisation die ganze übrige Welt mit ihrer Vorstellung von Demokratie befrieden - oder gar glücklich machen könnte.

Während andere schlaue Männer zu Beginn der 1990er-Jahre die These von einer universalen, harmonischen Weltkultur propagierten, sah der Verfasser von *The Clash of Civilizations* wohl die jahrhundertealten, kulturellen Unterschiede und religiösen Konflikte: zwischen Hindus, Muslimen, Juden, Christen, Konfuzianern …

Zu den „harmoniebedürftigen" Schlaumeiern zählte Huntington wohl auch den Präsidenten einer - seiner? – US-Eliteuniversität.

„Halleluja. Wir studieren den Krieg nicht mehr, weil es den Krieg nicht mehr gibt."

Soll dieser Unirektor nach dem Ende des Kalten Krieges, also vermutlich um das Jahr 1990/91 gesagt haben. Und zugleich beschlossen, den Lehrstuhl, die Professorenstelle für *Sicherheitsstudien* nicht mehr zu finanzieren, also abzuschaffen!?

Mr. Samuel Phillips erwähnt auch andere Geistesgrößen und Politiker, die Jahrzehnte zuvor, jeweils nach dem *Ersten* bzw. *Zweiten Weltkrieg* zu ähnlich optimistischen Einschätzungen über die friedliche Zukunft der Nationen und Völker kamen …

Was aus heutiger, nicht nur amerikanischer Sicht, ziemlich gewagt, reichlich absurd erscheint?!

Aus der Perspektive Bostons vielleicht noch mehr – wenn man an 9/11, an die Teppichmesser oder die Herkunft der „Piloten" denkt …

Wie auch immer: Samuel P. Huntingtons persönliche Rahmendaten sind ähnlich witzig und einzigartig wie die von Pierre Teilhard de Chardin.

Fast noch eine Spur origineller – geradezu kontrapunktisch.

Huntington verstarb an einem Heiligabend.

Geboren wurde er gut achtzig Jahre zuvor - an einem Ostermontag.

Was ein jeder genau so deuten darf, wie er will.

Wer die ersten drei Kapitel von *Michel, Angelo, Newton & Goethe* bereits kennt, weiß, dass hier Daten und Zahlen eine zentrale Rolle spielen.

Allerdings weniger im Sinne der *unflexiblen* Numerologie oder der eher *sachlichen* Statistik, sondern als recht *persönliche* „Lebens-Zeichen": als Verifizierung für bestimmte Thesen.

Die Gott und die Welt verbinden sollen. Können.

Die Geist und Materie verbinden sollen. Können.

Ebenso den potentiellen Einklang auf der Erde herstellen: zwischen der *versteinerten* Natur einerseits - und der *luftigen* menschlichen Psyche andererseits.

Wie vor etwa einem Jahr – im Februar / März 2015.

Als das dreifache Auftreten der *Einundzwanzig* den einen oder anderen Menschen zum Nachdenken zwang.

Wobei die Einundzwanzig damals nicht nur als homöopathisch-mathematische Dosis den Raum beseelte. Auch kalendarisch, zeitlich und geophysikalisch erschien die 21 damals – im Verbund mit der „doppelzüngigen" Dreiundzwanzig. Sowie einem Erdbeben und einem Meteoriten.

21 Tage, 21 Stunden und 21 Minuten lagen diese auseinander!

Wobei das erstere der beiden Naturphänomene bereits im Kern die „Botschaft" in sich trug: Das Beben vom 21. Februar ereignete sich um 23:23 Uhr, und laut Landeserdbebendienst zudem in einer Tiefe von rund 23 km.

Hypozentrum nennen Geologen jenen Bereich unter der Erdoberfläche, den man anhand von Wellen lokalisieren kann. Und das Epizentrum ist genau darüber.

Was aber fast ein jedes Kind inzwischen weiß.

Dank seiner schlauen Eltern.

Dank Schulpflicht.

Ziemlich unbekannt – weil weder an Grundschulen noch Gymnasien gelehrt - war und ist dagegen in

Deutschland und der westlichen Welt, dass die Dreiundzwanzig im islamischen Kulturraum eine bedeutende Rolle spielt …

Und in Verbindung mit ihrer Verdoppelung bzw. in Kombination mit der *gereiften* 21 lässt sie allerlei Deutungen zu: im Hinblick auf Mitteleuropa oder Arabien.

Im Hinblick auf geistige und andere Entwicklungen – auf, über oder unter der Erde. Spekulationen im Hinblick auf Verwerfungen, Störungen. Bruchzonen.

Materie erforschen – und Geist finden.

Vermutlich glaubte Teilhard de Chardin es auch. Dass unter der Erde, auch in den Skeletten von ausgegrabenen Frühmenschen jede Menge Geist, jede Menge Information schlummert.

Warum nicht auch in Steinen?

Vor allem wenn sie direkt aus dem Kosmos hinunter auf die Erde kommen.

Oder wenn die unterirdischen Beben ihre Wellen nach oben senden.

Ebenfalls zu den Menschen.

Pars pro toto - das Teil steht für das Ganze.

Wie im Himmel, so auf Erden.

Auch wenn die beiden Welten scheinbar getrennt sind – bilden sie doch eine Einheit.

Soweit alles klar?

Ready for departure?

Bereit zum Abflug?

Könnte man auch mit der Bodenstation – oder David Bowie fragen.

Der übrigens am Sonntag, 10. Januar 2016 verstarb.

Am dritten Tag nach seinem letzten Geburtstag, an dem er auch sein letztes Werk, seinen letzten Stern, seine letzte CD – *Black Star* inklusive *Lazarus* – herausbrachte.

Für manch einen vielleicht ebenfalls eine höchst *originelle* Interpretation der Auferstehung – des Lebenslaufs, des Kreislaufs?

Oder muß es heißen: zutiefst originell?

Auch in der Sprache sind *höchst* und *zutiefst* teilweise Verbündete: Geschwister, Cousins - Brüder, Schwestern.

Zwei- oder gar eineiige Zwillinge.

Im Gegensatz zu Pierre Teilhard de Chardin ist von David Bowie nicht bekannt, dass er an einem bestimmten Tag den Abflug machen wollte.

Dass er an einem Sonntag, gar an Ostersonntag sterben wolle.

Am Tag zum Gedenken an die Auferstehung Christi.

Für die meisten Menschen - ob Künstler, Wissenschaftler oder Normalbürger - ist das Datum, der Tag des Todes wohl nur von untergeordneter Bedeutung.

Die meisten wünschen sich wohl einen friedlichen, schmerzlosen Tod.

In einem nicht zu jungen Alter – die Mehrheit vielleicht, vermutlich so zwischen dem 70 - 100 Lebensjahr?

David Bowie wurde 69 Jahre alt.

Dass er bald sterben würde, schien er zu wissen.

Dass es so „schnell" gehen sollte, dass nur wenige Tage zwischen seinem letzten Geburtstag und seinem Tod sein würden, das war ihm vermutlich nicht bewußt – und auch nicht in seinem Sinne?!

Dass sein letzter Geburtstag auf einen Freitag – sein letzter Tag auf Erden auf einen Sonntag
fallen würde …

Merry Eastern – sagt der Amerikaner – noch nicht.

Happy Holidays – dagegen schon.

Letzteres in der Advents-, in der Vorweihnachtszeit.

Aber David starb rund zwei Wochen nach Weihnachten.

Und elf Wochen bzw. 77 Tage vor dem Ostersonntag 2016.

Der religiöse, feierliche, endliche, sterbliche Charakter scheint auch in seinem letzten Album durch – nicht nur versteckt.

Bei seinem letzten *Lazarus*-Auftritt deutlich intensiver als in seinem 1969-er Outfit: als in den Raumfahrerklamotten; als in der *Space Oddity* / *Major Tom*-Verkleidung.

Bei seinem ersten Welthit - den er mit jungen 21 oder 22 Jahren schrieb; sang, veröffentlichte.

Planet Earth is blue – and there's nothing I can do.

Die Erde ist blau. Sie ist und bleibt rund.

Teilweise auch unrund.

Und daran konnte er so wenig ändern wie seine Mitbürger und Mitmenschen ...

Einem Fatalismus soll hier nicht das Wort geredet werden.

Aber einer *Natur*, die zu handeln vermag.

Die auch eckig und kantig und hart sein kann.

Deren Anziehungskraft den Raketen und Raumfahrern im Wege steht.

Die den Menschen – darunter Kapitalisten, Protestanten, Schwachköpfen und Kriechern - auch Steine in den Weg legt.

Eine Erde, in der nicht nur Geist und Informationen schlummern.

Viele Skelette auf den Gottesäckern mögen auf einen friedlichen Tod hindeuten.

Aber die Erde kann auch töten.

Manchmal schlägt sie auf brutale Weise zu.

Überall kann es passieren.

Im 21. Jh. waren bis heute insbesondere die chinesische, die indische und die islamische Zivilisation betroffen. Vor allem in der ersten Dekade.

In Europa ging es – auch tektonisch betrachtet – dagegen relativ friedlich zu. In den letzten drei

Jahren gab es überhaupt kein Beben oder Vulkanausbruch, bei dem Menschen ihr Leben verloren.

Das war nicht immer so. Zehntausende Europäer fanden bei derartigen unterirdischen „Explosionen" einst den Tod. Zwischen Island und Sizilien; von Lissabon bis nach Athen. Insbesondere im Zeitraum 1755 – 1999.

Aber das 21. Jahrhundert zeigt sich diesbezüglich und bisher sehr nachsichtig mit den Europäern. Verglichen mit China, Indien, Pakistan, Nepal, Indonesien oder Haiti, wo im dritten Jahrtausend viele, teilweise extrem viele Menschen starben. Wo man – zumindest in einem Fall – von sintflutartigem Sterben sprechen kann …

Während man für Taifune oder Hurrikans eventuell – mit viel Phantasie - noch die „Klimakatastrophe" als Mitverursacher ins Feld ziehen kann, kommt die Erwärmung der Atmosphäre als Erklärungsversuch für Seebeben und ähnliche geologische Verwerfungen aber nicht infrage; weder für Laien noch für Wissenschaftler. Vermutlich noch nicht einmal für normale Esoteriker …

Die beiden letzten Beben auf europäischem Boden, die auch bei *Wikipedia* Erwähnung fanden, eine eigene Seite erhielten, datieren aus dem Frühjahr 2012.

Bulgarien und Italien heißen die Nationalstaaten, in denen es krachte. In denen Gebäude einstürzten, Menschen starben. Wobei der Westen Bulgariens deutlich glimpflicher davonkam als einige Orte Norditaliens.

Faszinierend ist – und bleibt?! – dass die tödlichsten Erschütterungen in der Poebene auf den 29. Mai fielen. Also dem Jahrestag des Untergangs der *Heiligen Weisheit*, der Hagia Sophia.

Dem blutigen Ende des – einst christlich geprägten - Konstantinopels. Des heutigen, zu 99% muslimischen Istanbuls.

Was bei manch einem – historisch interessierten – Zahlenmystiker vielleicht die Frage aufwirft, ob genau in jenen Regionen Europas die Uhrensöhne und die bürgerliche Sch***, die Kollaborateure und die Egomanen, die Textil- und die Uhrenfälscher, die geistlosen Flachw**** oder auch die genialen bis cleveren - theoretischen, praktischen - Brückenbauer ihre erste, zweite, dritte, vierte Heimat haben?!

Man kann aber auch zu etwas schöneren Vokabeln greifen – insbesondere wenn man sich exklusiv den italienischen Orten widmet, die vor wenigen Jahren in Mitleidenschaft gezogen wurden: *Felice – Concordia – Finale*. So klangvoll lauten tatsächlich die Namen von drei der am meisten betroffenen Ortschaften – zumindest teilweise. Wobei es für den Fremden fraglich ist, ob dort das *Glück*, oder die

Eintracht am Anfang oder fast schon am *Ende* waren? Und wer sich für das Finale eigentlich qualifizieren wollte?

Für einen Schlußpunkt? Für das Finale. Für welches Endspiel genau?

Jedenfalls waren Ende Mai 2012 rund zwei Dutzend Todesopfer und mehrere Hundert Verletzte zu beklagen. Zudem gab es mehrere Tausend Obdachlose und Sachschäden in Milliardenhöhe. Zehn Tage vergingen zwischen dem bösartigsten Haupt- und dem schlimmsten Nachbeben. Die relativ geringe Herdtiefe von rund 10 km machte die Sache so gravierend. Auf der Richterskala stand vorne keine 7, sondern nur eine 6 …

Ein mittelalterlicher italienischer Dichter hätte vielleicht von einer verspäteten *göttlichen Komödie* gesprochen.

Ein FBI-Mann hätte das Schauspiel vielleicht menschlicher interpretiert, analysiert?

Für einen überzeugten Pantheisten kommen Beben dagegen generell weder zu früh noch zu spät - sondern immer im richtigen Augenblick?!

Und für den Sepp oder Sportsmann steht fest: Nach dem Spiel ist vor dem Spiel. Nach dem Finale ist vor dem Finale …

Darf man so sprechen?

Oder ist das zu unsportlich, zu verletzend – gegenüber den Bewohnern der Poebene?

War das ganze doch nur ein dummer, unbedeutender Zufall?

Ein unglückliches zeitliches Zusammentreffen von Ereignissen, denen weder ein kausaler noch ein symbolischer Zusammenhang innewohnt?
Weil Schnaps ist Schnaps, Idee ist Idee - und Geologie bleibt Geologie.

Und Ölbohrungen fanden in der Region ja auch statt.

Wie auch immer sich dieses oder jenes Gehirn die Welt zusammenreimt: Wenn man nur auf die *Uhrzeit* der anderen, der fast zeitgleichen Erschütterungen in Bulgarien schaut – und nicht so sehr auf den Tag, den Monat oder das Jahr: dann offenbarte sich in Osteuropa anno 2012 eine zutiefst gerundete, geradezu „poetische" Wendezeit.

Um Punkt 3:00 Uhr nachts wurde der Westen Bulgariens damals erweckt; sowie etwas milder der Osten Serbiens und Mazedoniens - und noch schonender der fernere Norden Griechenlands.

Nach *Weltzeit* war es Mitternacht: Null Uhr, Null Minuten und 33 Sekunden, als die Seismometer sich in Bewegung setzten.

Die bekanntlich sehr sensibel sind – und rasch reagieren können. Was nicht nur an ihnen, an der Technik der Seismographen liegt, sondern vor allem an dem Medium, das dazwischengeschaltet ist: Gestein überträgt Wellen einfach zügig – ohne zaudern. Und viel schneller als die Luft – die den Schall in die Windbeutel oder in menschliche Ohren trägt.

Womit das Thema *Da-da-is-mus* in Verbindung mit *Dar-da-nellen* und Uhren*sonologie* aber erstmals wieder begraben werden soll. Inwiefern es früher oder später wieder auftaucht - entscheiden Menschen und Steine gemeinsam; in stiller Eintracht? In lauter Zwietracht?

Apropos Zwie- & Tracht.

Apropos Bi- & Macht

Apropos Bite & Nacht

Ob des Nachts – oder bei Tageslicht.

Ob bei Vollmond – oder in der Dämmerung

Ein jeder Ort auf der Erde kann durch seine *Ko*ordinaten definiert werden.

Durch Längen- und Breitengrad.

Die Bedeutung der 23 bzw. deren Verdoppelung wurde bereits im zweiten Kapitel erörtert.

Dass das Beben von Pernik / Sofia / Westbulgarien ziemlich genau den 23. Längengrad tangierte …

Nur ein weiterer Aspekt - für Leute, die an die Unvereinbarkeit bzw. chronische Spannungsgeladenheit glauben: im Zentrum - und noch mehr an den Rändern, an den Berührungspunkten der beiden Kulturkreise.

Gesellschaften, Zivilisationen, Religionen - die sich in und um Bulgarien, Serbien, Griechenland über Jahrhunderte begegneten. Unter osmanischer Herrschaft. Und danach. Aber nicht davor.

Anyway: So halbstark, verwerflich, mittelmäßig, schwächlich oder gebrechlich die Beben im Mai 2012 auch waren. Selbst dem bulgarischen Ereignis wird auf *Wikipedia* ein eigener Artikel gewidmet. Was für Katasträphchen der Stärke 5,9 oder 6,0 eher ungewöhnlich ist. Aber für jene Balkan-Region war es immerhin das wichtigste und stärkste unterirdische Ereignis seit dem 1. Weltkrieg, seit mindestens einem Jahrhundert!
Und die „extreme" zeitliche Nähe zu den *Terremoti* in Norditalien hat damals offensichtlich auch ein paar Gehirne von Naturwissenschaftlern animiert - beschäftigt. Des weiteren die Großhirnrinden von Versicherungsmathematikern, die ebenso und von Berufswegen auch Abschätzungen, Deutungen – und Prognosen – liefern müssen.

Dass jene „Natur"-Wissenschaftler öffentlich nicht über die Symbolik von Längen oder Breitengraden

philosophieren können – dürfen, oder wollen …
Muß nicht erläutert werden.

Auch dass der 23. nördliche Breitengrad beispielsweise durch spannende und sandige, teilweise auch ölige Weltregionen verläuft: Nordafrika, Algerien, Libyen, Ägypten, Saudi-Arabien …

Der Mensch redet – die Natur handelt.

Soll ein anderes Großhirn, angeblich jenes von *Voltaire*, einst formuliert haben.

Es geht also weiter.

Mit Asien.

Zunächst mit China

Im sechsten Kapitel auch mit Indien und Indonesien, Persien und Pakistan.

C-h-/ i-i-/ p-p-

Könnte man folglich als Überschrift wählen – für die Kapitel V und VI.

Man wird sehen - was herauskommt …

In Bälde.

In Kürze.

Irgendwann.

2016?

2017?

Vorwort V

China - Taiwan – Kultur - Revolution - Olympiade

„Die Zahl acht gilt in China als Glückszahl."

Stand am 31. Dezember 2015 in einer Zeitung / *Die Welt*.

Doch auch Personen, die an Silvester andere Dinge oder Medien im Sinn - oder in der Hand - hatten, ist diese Tatsache wohl nicht unbekannt.

Der Verfasser dieser Zeilen hat vor wenigstens sieben oder acht Jahren erstmals davon Notiz genommen. Vielleicht auch schon ein paar Jahre zuvor; so ganz genau kann er sich nicht daran erinnern, wann die *Acht* in Verbindung mit dem Reich der Mitte in sein Leben getreten ist.

Aber an einige Begebenheiten des Jahres 2008 kann er sich noch genau erinnern – nicht zuletzt an die Olympischen Spiele, die im August jenes Jahres, am 08.08. feierlich eröffnet wurden.

Vermutlich – ziemlich sicher – nicht nur auf Wunsch des *IOC*. Es war wohl ein Anliegen der Gastgeber, der Chinesen. Nicht zuletzt der Regierung in Peking.

Wobei das Datum damals für niemanden ein Problem darstellte.

Der Veranstaltungsort wurde im Vorfeld dagegen von nicht allen Menschen gutgeheißen. *Amnesty International* und ähnliche Organisationen kritisierten den Umgang der Chinesen mit Menschen und Menschenrechten; oder deren Minderheitenpolitik, beispielsweise gegenüber den Tibetern.

Ansonsten erinnert man - erinnern Sie sich – vielleicht noch an den einen oder anderen Wettkampf, an manchen Sportler, an die eine oder andere Gold- oder Silbermedaille?

Und eventuell und irgendwie natürlich auch an irgendwelche Dopingdiskussionen - die aber seit Jahrzehnten Begleiterscheinung vieler sportlicher Wettkämpfe sind.

Eventuell taucht in Ihren Gedanken das schmucke Olympiastadion, welches *Vogelnest* genannt wurde, wieder auf?

Oft erinnert man sich an solche relativ stabilen Bauwerke und Konstruktionen mehr als an flüchtige Ereignisse.

Der *Himmlische Platz* oder die *Terrakotta-Armee*, und noch mehr die chinesische Mauer sind vielen Menschen auf diesem Planeten wohl ein Begriff.

Was aber wohl der interessanteste Aspekt rund um die Olympischen Spiele von Peking darstellt, ist wohl ein Ereignis, das einige Wochen zuvor das Land erschütterte.

Ein schweres Erdbeben, das verheerendste seit 1976 - seit den Zeiten bzw. dem Ende von Mao und Kulturrevolution - suchte China im Mai 2008 heim. Nicht im Nordosten, wie bei der Megakatastrophe gut drei Jahrzehnte zuvor, sondern im Südwesten: in Sichuan.

70 000 – 90 000 Menschen sollen im Frühjahr 2008 ihr Leben verloren haben. Darunter viele Tausend Kinder, die in und von ihren Schulen erschlagen bzw. begraben wurden. Was vor allem die örtliche Bevölkerung und weitere Chinesen empörte: weil die Baumängel der Schulgebäude wohl auch mit Korruption, Vetternwirtschaft, Fahrlässigkeit und Pfusch einhergingen.

So ähnlich wie vor wenigen Wochen in Taiwan. Dort waren bei einem deutlich schwächeren Beben einige große Wohnblocks mehr oder weniger umgekippt. Während die meisten benachbarten Gebäude lediglich Risse und andere, weitaus geringere Schäden davontrugen.
Bilder, Detailaufnahmen vom Februar 2016 zeigen, dass in den umgekippten Wohnsilos auch

Blechdosen und ähnlicher Schrott in das Mauerwerk eingebettet bzw. einbetoniert wurde.

Kurzfristig sicher eine originelle und günstige Form des *alternativen* Bauens in Kombination mit Recycling und Müllentsorgung.

Langfristig aber nicht immer sonderlich nachhaltig; hin und wieder wohl die kostspieligste und/oder tödlichste Form des Wirtschaftens.
Die in dieser Variante bei Menschen häufiger vorkommt als bei Vögeln, Nestbauern, Tieren?

Und im kapitalistischen Taiwan ähnlich häufig wie im kommunistischen China?

Weil …

Weil es ja – unabhängig von der Frage der Systeme oder der Abtrünnigkeit der Provinzen - doch Geschwister sind; Brüder im Geiste: die Jungs und Bauarbeiter und Investoren und Mieter in und um Taipeh, Peking, Hongkong, Shanghai …

Für den Freund von Zahlen- oder Feuerspielen darf erwähnt werden, dass das chinesische Neujahrsfest am dritten Tag nach dem Beben im Süden Taiwans stattfand.

Ob es in China wirklich das bedeutsamste Fest im Jahresverlauf ist, weiß der Verfasser dieser Zeilen nicht aus eigener Erfahrung. Man hört aber hin und wieder, dass *Neujahr* in jenen Regionen Ostasiens so ähnlich wäre wie für den Europäer Weihnachten, Silvester und Ostern zusammen.

Wie dem auch sei – zur Chronologie:

Samstag, 6. Februar das Beben und die *hausgemachte* Katastrophe, der dutzendfache, insgesamt rund hundertfache Tod von Menschen.

Zwei Nächte darauf der Beginn des neuen Jahres in Taiwan - folglich ein Montag, der 8. Februar 2016.

In Teilen Europas war es der *Rosenmontag* – wie eine Person mit chinesischen Eltern und deutschem Paß und Wohnsitz gut zwei Wochen danach spontan antwortete, als sie nach *ihrem Neujahrsfest* gefragt wurde.

Nach dem chinesischen Kalender steht der *Neujahrstag* immer im Zusammenhang mit dem Neumond. Dass anno 2016 zudem der *Affe* wieder an der Reihe war – und Neujahr auf den achten Tag im Februar fiel, darf man aber ebenso wie die Rosenmontags-Relation als eher banalen oder statistischen Zufall werten.

Zurück aufs Festland.

Für den Außenstehenden - den Weltbürger, den Vietnamesen, den Filipino, den Japaner, den Nicht-Chinesen - weitaus interessanter ist aber wohl die Geographie und Soziologie des Bebens von 2008. Während 1976 im Nordosten, in und um die

Industriestadt Tangshan vermutlich eine halbe Million Menschen - Proletarier, Kommunisten, Arbeiter, Bergleute und deren Familien – getötet wurden, befindet sich Sichuan auf der anderen Seite des Landes: im eher ländlich und stärker landwirtschaftlich geprägten Südwesten. Wobei sich diese Strukturen – wie fast überall im *Reich der Mitte* – in den letzten zehn, zwanzig Jahren erheblich, teilweise radikal geändert haben.

Während in den Köpfen der Land- und Stadtmenschen viele Traditionen und Denkmuster keine Veränderung erfahren haben. Dank Konfuzius? Trotz Partei? – Wie dem auch sei: Auch im Ausland lebende Chinesen antworten beispielsweise ohne Nachdenken mit *8*, wenn man sie nach ihrer bzw. nach *der* Glückszahl fragt …

Ältere Personen wissen dies auch zu begründen – während jüngere, im Ausland aufgewachsene Chinesen es zwar wissen, aber nicht abzuleiten vermögen, weil sie in ihrer neuen – amerikanischen oder europäischen – Heimat vor allem die dortige Landessprache verstehen, beherrschen, sprechen.

Und weil sie das Land ihrer Eltern oder Großeltern nicht oder nur von Besuchen her kennen – und Peking oder Shanghai als Wohnort häufig weitaus weniger attraktiv finden als Städte im Ausland.

Sprich: Viele Auslandschinesen können sich nicht vorstellen, länger als ein paar Tage oder Wochen im Jahr in ihrer „alten Heimat" zu leben.

Dessen ungeachtet: Der Name Sichuan verrät vielleicht schon ein wenig von dem Land im Osten, von der Provinz im Westen: *vier Flüsse*. Wobei der *Yangtse* auch Schulkindern und Menschen aus anderen Teilen der Welt geläufig ist.

Sichuan: Eine Gegend, die sehr gute Bedingungen für den Anbau von Reis, Weizen, Zitrusfrüchten und Weintrauben bietet; wo neben dem Bambus und ähnlichen Bäumen oder Sträuchern auch noch ein paar Lebewesen gedeihen, die wohl weltweit zu den beliebtesten Chinesen gezählt werden dürfen. Während sie in Amerika oder Europa aber nur in San Diego, Toronto, Atlanta, Wien, Edinburgh und einigen wenigen weiteren Zoos zu bestaunen sind, leben Panda-Bären im Reich der vier Flüsse noch in der freien Wildbahn. Oder in Schutzgebieten. Und in Deutschland gibt es auch keine mehr. Weil die beiden 1980er-Exemplare eines recht natürlichen Todes gestorben sind – so wie ihr einstiger Besitzer, Helmut Schmidt.

Oder war der Ex-Kanzler nur der Empfänger? Jedenfalls haben ihm die Chinesen damals zwei große Pandas zum Geschenk gemacht: und weil seine Wohnungen in Bonn bzw. Hamburg nicht artgerecht und seine Frau Loki mehr der *Botanik* als der Zoologie zugetan war – haben sich die Berliner über die beiden exotischen Tierchen freuen dürfen. So war das, damals. Nämlich. Oder so ähnlich.

Noch besser als die Bären und Bärchen gedeihen in Eurasien allerdings die Menschen. Womit sich der

Südwesten Chinas aber von den meisten anderen Regionen der Erde nicht sonderlich unterscheidet.

Den kaum zweitausend Pandas stehen gut achtzig Millionen Menschen gegenüber. Wobei Sichuan aber auch zu den flächengrößten Provinzen Chinas zählt: mehr Quadratkilometer Land zählt als Italien oder England oder Polen oder Deutschland. Etwas kleiner ist als Spanien oder Frankreich.

Sichuan: Eine jener westlichen Provinzen, wo das chinesische Reich – das klassische China jedenfalls - über gut zwei oder drei Jahrtausende, bis zur Mitte des 20. Jahrhunderts seine natürlichen Grenzen hatte. Und mehr oder weniger häufig – oder selten - seinen Nachbarn, seiner Umwelt begegnete.

Sichuan, wo ebenso wie in Peking oder Shanghai die „richtigen" Han-Chinesen zuhause sind - und waren. Wo das fruchtbare Tiefland und das Kaiserreich langsam bzw. abrupt enden, weil gleich um die Ecke, im Süden und Norden, insbesondere aber im Westen der *vier Flüsse* zunächst Hügel, sodann aber steile und unwirtliche Berge in den Himmel ragen. Und wo – wie manche behaupten - nicht nur geographisch oder hydrologisch eine ganz andere Welt beginnt: das Tibetische Hochland.

Um der zeitlichen Dimension eine räumliche, kulturpolitische hinzuzufügen.

Wer Sport und Geographie mit Zahlenmystik verbinden will, wer die beiden letzten und schlimmsten Beben, die sich seit der Ausrufung der Volksrepublik anno 1949 auf chinesischer Erde zutrugen, in irgendeine sinnvolle Relation bringen möchte, dem könnte folgende Rechnung gefallen: 4 x 8 = 32.

Oder, wer lieber dividiert statt multipliziert: 32 geteilt durch 8 sind 4.
Oder, mit etwas weniger Worten, aber ebenfalls richtig: 32 : 4 = 8

Wobei der *Witz* bzw. schlechte Scherz unter anderem darin besteht, dass zwischen Tangshan und Sichuan, dass zwischen Maos Tod und den Olympischen Spielen in Peking - dass da eben 32 Jahre liegen: zwischen 1976 und 2008.

Inwieweit diese Berechnungen einer mathematischen oder geophysikalischen Kulturrevolution geleichkommen – oder eher überflüssige Hirnakrobatik darstellt?

Nicht-olympischer, dafür aber zu 100% dopingfreier, ambitionierter Denksport?

Auch das darf, soll – ja muss - letztlich ein jeder für sich selbst beantworten!

Jedenfalls besitzt auch die *Vier* in China eine Bedeutung. Im Gegensatz zur *Acht* gilt sie als Unglückszahl. Und in beiden Fällen hängt das wohl mit dem Klang zusammen. Während die Zahl acht *ausgesprochen* gut mit einem chinesischen Begriff harmoniert, der sinngemäß mit Wohlergehen, mit Reichtum, mit Fortschritt korrespondiert, ist es bei der Zahl vier genau umgekehrt. Sie „reimt" sich eher auf Rückschritt, auf Tod und Verderben.

Wobei die *Vier* in diesem Fall sowohl für den Namen der Provinz als auch für den Zeit-Raum einer *Olympiade* steht; und die *Acht* für das angebliche Glück.

Die 32 kann somit als eine seltsam originelle, aber verflixt korrekte Kombination aus Glück und Unglück interpretiert werden. Mathematisch betrachtet, *fach*-chinesisch multipliziert.

Vom Standpunkt der chinesischen Medizin, vom Standpunkt von *Ärzte ohne Grenzen*, vom Standpunkt eines Menschen, der nicht mehr stehen kann, weil er verletzt oder tot unter Trümmern liegt – ist das sicherlich auch anders zu bewerten. Anders zu behandeln. Kurzfristig. Spontan.

Und den Halbtoten oder Verschütteten wird die universell gültige *Multiplikation* so wenig Trost spenden können wie die langstrumpfige, rothaarige, schwedisch-vorlaute Personifizierung von Plutimikation und weiblicher Stärke.

Doch die ganze Sache vom Mai 2008 besitzt noch einen viel faszinierenderen Aspekt, der mit skandinavischen oder chinesischen Wortspielen, Rede*wendungen,* Lautmalereien und Sinnverwandtschaften wenig gemeinsam hat.

Dafür aber einen *mathematisch-logischen* Aspekt besitzt, der in Verbindung mit Politik und Geschichte und Macht*sphären* einen wahrlich umwerfenden Charme entwickelt. Noch charmanter als Pippi und alle Langstrümpfe zusammen. Und noch viel, viel stärker. Was auf manchen Zeitgenossen eventuell auch bedrohlich wirken könnte.

Dass der Erdbeben-Katastrophe von 1976 ein Meteoriteneinschlag vorausging, kann man in verschiedenen Quellen, in einigen älteren Büchern nachlesen. Dass es wohl der vierte Oktober 1975 war, soll nicht weiter gedeutet oder hinterfragt werden.

Vermutlich gab es sogar zwei Meteoriten bzw. Asteroide, die in den Monaten vor der 1976er Katastrophe für Aufsehen sorgten. Und im Gegensatz zum letzten *filmreifen* Ereignis aus Mitteleuropa – am Abend des 15.03.15 - wurde im Reich der Mitte damals auch jede Menge schwerwiegendes Weltraumgestein gefunden; mehr als eine Tonne!

Dass jene nicht-irdischen Brocken, jene Himmelskörper in China aber seit Jahrhunderten nicht nur als reines Naturphänomen betrachtet, sondern mit Politik und Gesellschaft, vor allem mit dem Ende einer Macht, einer Herrschaft, einer Dynastie in Verbindung gebracht werden, soll, darf nicht verschwiegen werden.

Dass Sichuan nicht nur die exotischen, liebenswert wirkenden Panda-Bären beheimatet, sondern auch einen ziemlich großen, gar den weltgrößten Buddha aus Stein, beweist jedoch: dass auch *dort* Menschen am Werk waren, als Steinmetze und Bildhauer wirkten.

Und dass irdische Macht nicht nur endlich, begrenzt ist – sondern dass hinter den Bergen ein weiterer großer Nachbar wohnt.

Der – in diesem Fall – nicht zuletzt auf den Namen Indien oder Hindustan hört.

Was wiederum den Verdacht nahelegt, dass es in China neben friedlichen, vegetarischen Bären auch buddhistische Vorstellungen gab – gibt -, die den neuzeitlichen Kommunisten, Rotgardisten, Kulturrevolutionären oder den alten Kaisern eher fremd waren – und, oder geblieben sind.

Schwarzmaler haben zum Jahreswechsel Konjunktur.

Lautete die Überschrift jenes Zeitungsartikels, der mit den anfangs zitierten Worten begann: *Die Zahl acht gilt in China als Glückszahl ...*

In der *Welt* vom Silvestertag des Jahres 2015 ging es aber weder um Naturkatastrophen noch um Zahlenmystik. Die Worte standen auch nicht unter der Rubrik SPORT oder POLITIK oder KULTUR, sondern auf der Seite FINANZEN. Und es ging in dem Artikel eigentlich *nur* um die wirtschaftlichen Aussichten für 2016. Somit auch um Geld, um Zinsen, um Aktien und um wirtschaftliche Zahlen und Daten. Um mögliche und bisherige Staatspleiten: von Argentinien über Puerto Rico bis nach Griechenland, Ukraine, Russland.

Und um Schulden von Firmen in Schwellenländern: wobei diese im vergangenen Jahrzehnt von vier auf 18 Billionen Dollar geklettert seien. Und es stand vor allem geschrieben, dass die USA 2016 in das achte Jahr ihres wirtschaftlichen Aufschwungs gehen – und dass ein Konjunkturzyklus normalerweise nur fünf Jahre dauert; die längste US-amerikanische Expansionsphase etwa neun Jahre währte. Dass also spätestens 2017 wieder eine Rezession fällig wird ...

Es standen dort also Dinge, die für den normalen Leser, den gewöhnlichen Olympioniken, den bescheidenen Statistiker bzw. den anständigen

Zahlenmystiker nicht so wichtig sind: es sei denn, er oder sie sind nebenbei, nebenberuflich noch Aktienbesitzer. Oder Investor. Oder Sparer. Oder Wirtschaftsredakteur.

Money makes the world go round. Trotzdem sollen Ökonomie und Finanzen hier nur ein beiläufiges Thema bleiben. Auch wenn sie Individuen und Gesellschaften irgendwie immer und überall tangieren – oder mitregieren?

Aber – für den *menschlichen Geist* – gibt es Themen, die alle ökonomischen, betriebs- oder volkswirtschaftlichen Fragen in den Schatten stellen.

Und weil die *letzten Fragen* viel zu faszinierend sind, um sie allein den alten Schriftgelehrten oder den jungen Naturwissenschaftlern, den armen Kulturrevolutionären oder den bürgerlich-wohlsituierten Kultusministern zu überlassen …

Und weil Sie hier in wenigen Momenten – und auch noch später – einige Tatsachen und Daten und *Synchronizitäten* aufgetischt bekommen, die Sie so noch nirgendwo gelesen haben: weil sie noch niemand beschrieben, weil sie noch niemand berechnet – weil sich noch nie jemand dafür *wirklich* interessiert hat!!??!!??

Jedenfalls, was China, die Erde, das Hoch- oder Tiefland betrifft, betraf: die Naturkatastrophe von Sichuan ereignete sich exakt 88 Tage vor der Eröffnung der Olympischen Spiele.

Statt doppeltem Glück - zweifaches Unglück.
Statt doppeltem Reichtum - tausendfaches,
millionenfaches Leid.

Aus welchem Blickwinkel man auch immer das
Beben vom 12. Mai 2008 betrachtet:
Ob von links oder rechts, von oben oder unten.
Ob als betroffener Chinese oder distanzierter
Ausländer. Ob als Sportler oder Couchpotato.
Ob als Buddhist oder Atheist. Ob als Physiker oder
Sozialpädagoge.

Es ist immer - auch – eine Frage der Perspektive.
Des Wissens. Und vor allem eine Frage der
Interpretation.

Von Zahlen. Von Geist und Materie. Von Glück und
Unglück. Von Wachstum. Von Expansion.

Von Kräften und Gegenkräften.

Von Rezession.

Von Verlust.

Verfall.

Tod.

COPYRIGHT COPYRIGHT

𝕮𝕺𝕻𝖄𝕽𝕴𝕲𝕳𝕿

be acht en

Bitte

be8en

Sie

das

𝔘𝔯𝔥𝔢𝔟𝔢𝔯 -

𝔎𝔢𝔠𝔥𝔱

Nachfragen

Lizenzen

Auskünfte

per E-Mail

copyright_michel_angelo@yahoo.de

... Vervielfältigungen, Print, E-Book, Übersetzungen usw.

nur mit <u>ausdrücklicher Zustimmung</u> des Verfassers!

Die beiden folgenden Kapitel erscheinen vermutlich im zweiten oder dritten Quartal 2016 unter dem Titel

Kali / gravieh

Zwischen Sintflut und Sonnenfinsternis

Aktuelle und zeitlose Botschaften aus Asien

Unter besonderer Berücksichtigung von Tier- und Menschenopfern // 1999 – 2016

Religionsgeschichtliche, politisch-demographische und metaphysische Aspekte

Zahlen / Mystik / VI – VII

(Kapitel 6 und 7)

Weitere Infos, Anmerkungen, Bilder, Texte, Töne, Links und Details finden Sie unter

Facebook.com/GauguinVanGogh

Bibliographischer Hinweis:

Die Publikation der angedachten Kapitel und Texte über Gauguin, van Gogh, Nietzsche & Co.

werden sich um einige Monate verzögern; vermutlich im Laufe des Jahres 2017 das Licht der Welt erblicken.

Das hängt nicht nur, aber auch mit der Vermarktung, der Übersetzung, der Vervielfältigung

bzw. Einhaltung des

C O P Y R I G H T S

der obigen Kapitel IV und V zusammen;

sowie von *Michel*, *Angelo*, *Newton & Goethe* (Zahlen / Mystik / I - III)

Im weiteren Sinne auch von der Resonanz / Nachfrage;

von in- und ausländischen Lesern und Verlegern.

Mitteleuropa, im März 2016

Der Verfasser

Copyright_Michel_Angelo@yahoo.de

oder

map-oregonien@web.de

C

O

P

Y

R I G H T

C O P Y R I G H T

B

I

T

T

E

B E **8** E N

Die

Welt

Ist

Nur

Nach

Vorwärts

Interessant

????????